Matthias Morgenroth

Anatomie des Handy-Menschen

Matthias Morgenroth

Anatomie des Handy-Menschen

Ein Seelen-Selfie

echter

Bibliografische Information der Deutschen Nationalbibliothek

Die Deutsche Nationalbibliothek verzeichnet diese Publikation in der
Deutschen Nationalbibliografie; detaillierte bibliografische Daten sind im
Internet über ‹http://dnb.d-nb.de› abrufbar.

1. Auflage 2020
© 2020 Echter Verlag GmbH, Würzburg
www.echter.de

Umschlag: Vogelsang Design, Jens Vogelsang, Aachen
(Umschlagbild: stock.adobe.com, © jiris)
Innengestaltung: Crossmediabureau, Gerolzhofen
Druck und Bindung: CPI-books – Clausen & Bosse, Leck

ISBN
978-3-429-05508-0
978-3-429-05097-9 (PDF)
978-3-429-06489-1 (ePub)

Stell dir das Schlimmste vor. Das Schlimmste, das ist natürlich: Das Handy ist auf einmal weg …

> *… es ist nicht in Sichtweite. Nicht in Reichweite wie sonst immer. Du kannst dich auf nichts mehr konzentrieren. Das Gespräch bricht ab. Die anderen schauen irritiert, aber das ist dir egal … soll doch das Essen kalt werden: WO IST DAS HANDY? Erst verschämt, dann hektisch, schließlich fast panisch – nein, von Handy-Sucht keine Spur, nein, nein – blindwütig, kopflos durchkämmst du alle potentiellen Handy-Aufbewahrungsorte, die Jacke, die andere Jacke, ist es hinter das Sofa gerutscht, oder hattest du es mit auf die Toilette genommen, hast du es etwa in Gedanken in den Kühlschrank gelegt …*

Ohne Handy fühlen wir uns allein. Verloren. Abgeschnitten. Orientierungslos. Hilflos. Nein: Ohne Handy fühlen wir uns amputiert.

Das Handy ist längst ein Teil von uns geworden. Spätestens die Corona-Krise hat sichtbar gemacht, wie verwachsen wir mit unserer digitalen Schnittstelle sind. Im Ausnahmezustand mag unser Fenster zur Welt überlebenswichtig sein. Doch auf Dauer? Alle Apps versuchen schließlich, uns das Leben etwas leichter zu machen und uns Dinge abzunehmen. Nur: Wenn wir nicht aufpassen, dann nehmen sie uns das Leben ab.

> *Ah – da ist es ja wieder, mein Handy! Puh. War doch nur unterm Stuhl gerutscht. Du bist wieder komplett. Du kannst wieder weitermachen. Hinterher lachst du drüber. Lachst du wirklich?*

Wenn es dir auch schon einmal so gegangen ist, dann bist du auch schon mutiert. Zum Handy-Menschen. Dann wird es höchste Zeit für ein Seelen-Selfie.

Inhalt

Beipackzettel: Liebe macht blind

Du hast eine Anatomie des Handy-Menschen in der Hand. Ein kleines anatomisches Lehrbuch. Eine Moment-aufnahme. Manches ist noch unscharf. Manches versteckt sich noch. Manches wird sich wieder verwachsen. Aber schon der erste Blick zeigt: Wir sind nicht mehr dieselben. Wir sind über uns hinausgewachsen.

Kopf hoch: Vom Display aufschauen

Wir haben einige neue Organe entwickelt, die unsere medizinischen Lehrbücher und Gesundheitslexika nicht kennen. Darum ist die bevorstehende Tomographie des smarten Menschen eine Entdeckungsreise. Ein echtes Forschungsgebiet. Mit Risiken und Nebenwirkungen. Wir sind mehr oder minder auf uns allein gestellt, aber wir müssen da durch, wenn wir uns weiterhin selbst verstehen wollen. Wenn wir freie Menschen bleiben wollen.

Einige Spezialisten haben wir natürlich bereits an unserer Seite. Ein wenig seelsorgerliche Begleitung aus den Fachbereichen Philosophie, Ethik, Soziologie, Medien-kunde, Kommunikationswissenschaft, aus der Mathe-matik, der Hirnforschung und verschiedenen therapeu-tischen Disziplinen, dazu Wissenschaftsjournalisten und Feuilletonisten. Denn natürlich versuchen gegenwärtig viele, das Neue zu fassen, was uns umgibt, prägt und was wir mit unserem Handyleben wiederum mitprägen. „Fassen" ist in diesem Zusammenhang das richtige Wort, denn irgendwie scheinen uns die Gedanken und Gefühle rings um das Neue sofort wieder zu entgleiten, weil die digitale Revolution keine Rücksicht auf menschliches Zeitempfinden nimmt. Sie ist „disruptiv", sprengt mit großer Macht vieles auf, ohne Rücksicht auf Verluste. Wir sind nicht mehr dieselben – und diese Veränderung geht auf der einen Seite so rasend schnell, dass im Alltag kaum einer dazu kommt, darüber mit Sinn und Verstand zu reflektieren. Auf der anderen Seite geht sie so unbewusst und selbstverständlich vonstatten, dass wir oft gar kein klar umrissenes Bild davon haben, worüber denn zu reflektieren wäre, sollten wir doch einmal vom Display aufschauen und innehalten. Wir bemerken nur dieses diffuse Gefühl, dass wir uns verändert haben und uns ständig weiterverändern, gemeinsam mit der Zeit, in der wir leben. Und mit dem Smartphone in der Hand. Die Corona-Krise hat dabei die Entwicklung der vergangenen Jahre noch einmal radikalisiert – aber auch manches wieder neu in Frage gestellt.

Man kann die Folgen dessen, was Digitalisierung genannt wird, technisch, mathematisch, biologisch, psychologisch, wirtschaftswissenschaftlich, soziologisch, philosophisch, ethisch und sicher noch auf ein Dutzend andere Weisen beschreiben. Wir werden es in diesem etwas anderen Anatomie-Lehrbuch im umfassenden Sinne des Wortes *menschlich* angehen. Wir gehen nicht vom „User" aus, sondern vom Menschen. Vom ganzen Menschen, den ich als lebendiges, vielschichtiges, prinzipiell weltoffenes Wesen verstehe. Es geht um uns. Um dich und mich.

Wie jede bahnbrechende kulturelle Errungenschaft ist auch das Smartphone sowohl Ausdruck als auch Motor des Neuen. Es ist Konzentrationspunkt und Symbol dessen, was sich schon lange angebahnt hat und für das die Zeit jetzt reif zu sein scheint. Und zugleich verstärkt und potenziert es das, was da geworden ist. Umfassend, in rasantem Tempo, umwerfend und umstürzend, disruptiv eben. Das, was wir weltweit erleben und was digitale Revolution genannt wird, hat im Smartphone seinen ganz konkreten Ausdruck für jeden Einzelnen gefunden. Und deswegen müssen wir dort ansetzen, um uns und die Macht des Digitalen zu verstehen.

- *Denke dich in die Zeit vor Corona: Wann hattest du das letzte Mal dein Smartphone einen ganzen Tag lang aus?*
- *Und zu Corona-Zeiten: Wann und wo lebst du ohne Handy oder Tablet oder Laptop?*
- *Würdest du umkehren, wenn du auf dem Weg ins verlängerte Wochenende feststellst, dass du das Handy zu Hause liegen gelassen hast, auch auf die Gefahr hin, den Zug oder den Flieger zu verpassen?*
- *Schaust du auf die Wetter-App oder aus dem Fenster, wenn du wissen willst, wie das Wetter ist oder wie warm es ist? Und wem glaubst du mehr – der App oder deinem Blick?*
- *Wie lange hältst du es aus, dein Smartphone zu ignorieren, nachdem es vibriert, gepiepst, gezwitschert oder sonst einen Signalton von sich gegeben hat?*

Ich: Homo Digitalis

Die digitale Revolution sei eine Medienrevolution, hieß es zuerst. Das klang ziemlich abstrakt und sehr weit weg. Das klang, als würde es Medien betreffen, nicht Menschen. Geräte und nicht Gefühle. Doch wie sich mittlerweile herausgestellt hat, stimmt das nicht. Es betrifft jeden von uns.

Was diese Medienrevolution mit uns macht, auch dafür haben wir noch gar keinen richtigen Namen. Was passiert mit uns? Und wer soll das schon sein, der Homo Digitalis? Der Mensch 4.0? Ich doch nicht! Oder doch? Konkret anschauen können wir all das, was mit uns geschieht – oder was wir mit uns machen lassen, was wir uns zumuten –, wenn wir zunächst einmal anerkennen, wie verwachsen wir mittlerweile mit dem Smartphone sind – neben dem Computer der tagtäglichen und für uns viel wichtigeren Schnittstelle zu „unserer" digitalen Welt.

Der direkte, sichtbare Ausdruck für das, was Digitalisierung für uns bedeutet, ist das Smartphone geworden, mit dem wir eine ganze Welt mit uns herumtragen. Dieses flache Zauberkästchen ist unser Auge zum digitalen Jenseits. Es ist auch längst unser Kompass durch das analoge Diesseits. Es ist unsere Nabelschnur, mit der wir mit unserem digitalen „Zwilling" oder „Schatten" verbunden sind. Denn ohne dieses kleine Gerät fühlen wir uns mittlerweile mehr oder weniger amputiert. Und es ist noch nicht abzusehen, welchen Schub das *social distancing* der Digitalisierung bringen wird.

Online: Der verlängerte Geist

Das Handy war schon längst davor ein weiteres Körperglied. Wenn wir sagen, unsere Hand ist ein Teil von uns, dann sind wir auch Hand. Wenn wir sagen, das Handy ist ein Teil von uns, dann sind wir auch Handys. Das gilt es zu erspüren.

Seit Steve Jobs' Präsentation des ersten iPhones im Januar 2007 mutieren wir zu Cyborgs, zu Mensch-Maschinen. Wir umklammern die Schnittstelle oft schon so fest, dass es bereits Kinder gibt, die der Meinung sind, das Wort Hand komme bestimmt von Handy, und wir verlagern unser Leben und Erleben Stück für Stück, Bit für Bit, dort hinein. Manche gehen sogar so weit, zu sagen, es wäre schon längst umgekehrt, und wir wären nur noch Hände und Füße für die Smartphones, die vielleicht schon die wahren Herrscher über unsere Körper und über unseren Geist sind. Und vielleicht war der Lockdown ganzer Gesellschaften zu Pandemie-Zeiten nur durchsetzbar und lebbar, weil wir den digitalen Teil unserer Selbst weiterleben durften.

Es geht in den folgenden Erkundungen der Anatomie des Handy-Menschen natürlich nicht um pro oder contra Smartphone, es geht ums *Wie*. Denn logisch, wer sich dem Smartphone und der digitalen Maschinerie dahinter komplett verweigert, würde sich schon heute mit einem Schlag so ziemlich von allem abkoppeln, was für die meisten von uns zählt. Es wäre ein Eremitendasein, und nur wenige halten es aus.[1] Und es ist ja nur noch eine Frage der Zeit, bis nicht nur unsere Kommunikation, unser Büro und unsere Freunde, sondern die Dinge des alltäglichen Lebens in den digitalen Raum verlagert werden: Es war ja für viele spätestens durch Corona auch ein Aha-Erlebnis, wie konzentriert manche Treffen im virtuellen Raum über *Zoom* oder *Teams* oder *Skype* ablaufen können. Handy in die Tonne ist daher keine Alternative. Aber das Leben dem Smartphone zu überlassen ist auch keine.

Schon von Anfang an war das iPhone oder Smartphone (ich verwende Handy, Smartphone, iPhone synonym) mehr als nur eine Art elektronisches Taschenmesser mit vielen tollen Funktionen. Schon die Konzeption beinhaltete die Absicht, *uns*, unsere Selbstwahrnehmung und unseren Alltag radikal zu verändern. Bereits die Namen verraten es. iPhone heißt auf Deutsch *Ich*-Phone. Und das weltweit meistgenutzte Betriebssystem trägt den Namen Android. Das altgriechische Wort Androide bezeichnet menschenähnliche Gestalten.

An diesem menschenähnlichen Ich-Begleiter hängen wir längst viel mehr, als wir glauben und zugeben. Allein schon die höchst emotional geführte Diskussion, wie *süchtig* wir denn schon seien – nie wir selbst natürlich, immer die anderen –, macht mehr als nachdenklich.

Das Gute ist: Wir haben nicht nur die Pflicht, wir haben auch die Chance, mitzudenken und mitzureden, wenn es darum geht, zu spüren, wie wir uns verändern und was uns guttut. Welche Aspekte der Digitalisierung uns stärken, welche schwächen, welche ängstigen und welche einen gesellschaftlichen und persönlichen Rückschritt bedeuten würden. Denn alle sind immer noch Anfänger. Es gibt in dem Forschungsgebiet, in das wir uns mit den folgenden Erkundungen begeben wollen, noch keine Erfahrungen, die sich über Generationen vermittelt haben, wenig Lehrbücher, Leitbilder und Anweisungen. Es gibt digitale Propheten. Es gibt viele sehr bemerkenswerte Momentaufnahmen aus unterschiedlichsten Perspektiven, auf die wir zurückgreifen können. Aber so richtig lange Erfahrung hat noch keiner mit dem Smartphone sammeln können. Wie auch. Davor und daneben gab es einige Vorläufer für Spezialisten (wer verwendet noch Blackberrys oder Palms …), doch diese technische Geburt im Jahre 2007 markiert den entscheidenden Wendepunkt für unseren Alltag und unser Erleben, und das ist eben noch nicht lange her.

Nur eine Dekade später gibt es nur noch einige wenige Menschen, die nicht ganz selbstverständlich mit einem Smartphone zusammenleben oder eben vielmehr mit ihm verwachsen sind. 2018 wurden weltweit 1,4 Milliarden Smartphones verkauft.[2] Im selben Jahr besaßen einer Schätzung zufolge rund zwei Drittel der Menschheit ein Smartphone,[3] in Deutschland waren es 81 Prozent der Menschen, die älter als dreizehn waren.[4] Und diese Zahlen sind heute, wenn du dieses Buch liest, schon alt. Ob es ein paar Millionen Smartphones mehr oder weniger sind, ist auch völlig egal, diese Zahlen belegen nur, was wir alle sehen und wissen, wenn wir mit der U-Bahn fahren, auf den Bus warten, uns im Büro umschauen, zu Hause am Tisch sitzen, mit Freunden oder mit unseren Kindern oder Enkelkindern unterwegs sind: Die allermeisten Erdbewohner gehen wie an einer digitalen Leine durch die Welt. Und dazu dient ja nicht nur das Smartphone, sondern dazu dienen außerdem auch noch Tablets, PCs, Laptops, Smart-Watches, Datenbrillen und Co. Derzeit erleben wir – coronabedingt – noch eine potenzierte Verlagerung des Alltags ins Digiale.

- *Aufgabe 1: Geh auf die Straße und zähle die Leute mit Handy, die dir begegnen.*
- *Aufgabe 2: Du hast die S-Bahn verpasst. Oder du hast zehn Minuten Mittagspause. Keiner will etwas von dir. Was könntest du noch tun, außer zum Handy zu greifen? Fällt dir nichts mehr ein?*

Alle sind Anfänger. Anfänger, die manchmal staunend und zukunftsfreudig, manchmal angstvoll und alarmiert beobachten, analysieren, fühlen und erfahren, welche Veränderungen innerhalb ganz weniger Jahre die digitalen Geräte in unseren Händen mit uns als Einzelne und mit uns als Gesellschaft verursacht haben. Und wo das hinführen könnte. Für alle Effekte gibt es sowohl eine utopische als auch eine dystopische Erzählung, und das macht die ganze Sache doppelt kompliziert. Wir fühlen uns unsicher.

Und dann fällt es uns auch noch schwer, diese Effekte wirklich nach den gewohnten wissenschaftlichen Kriterien einzuordnen oder zu belegen. Denn erstens ist unser Beobachtungszeitraum noch sehr kurz, zweitens bräuchte man ja, um wirklich klar sagen zu können, welche Veränderungen ursächlich auf die Smartphone-Nutzung zurückzuführen sind, eine valide Vergleichsgruppe in selben gesellschaftlichen Bedingungen *ohne* Smartphone – und die gibt es definitiv nicht. Und drittens müssten die Bedingungen für eine solch aussagekräftige Studie einigermaßen stabil bleiben, aber das tun sie nicht, denn laufend verändern sich wesentliche Teile dessen, was wir beobachten wollen, die Gadgets, also unsere technischen Lebensbegleiter, wie auch die Widgets, also die Benutzeroberflächen, sowie auch die Apps, also die unterschiedlichen Anwendungsmöglichkeiten.[5]

Dementsprechend läuft eine breite und zum Teil aggressiv geführte Diskussion darüber, welche Studien wie zu deuten sind, was nur zufällig gleichzeitig auftaucht und was kausal zusammenhängt, zumal wohl die finanzkräftigsten Unternehmen der Welt, die „Big Five" Apple,

Amazon, Google, Facebook und Microsoft, versuchen, die Stimmung zu ihren Gunsten zu steuern und nichts Nachteiliges über die scheinbar alternativlose digitale Entwicklung zu sagen. Sie verstehen sich mit geradezu religiösem Gestus als Weltverbesserer zu verkaufen.[6] Logisch. Es ist ja ihre schöne neue Welt, und dass sie profitorientierte Unternehmen sind, deren Strukturen und Geschäftsmodelle Teil des Problems sein können, wird dabei gern vergessen. Dass etwa Facebook seit Neuestem an der TU München einen Lehrstuhl für Medienethik finanziert, erscheint in diesem Zusammenhang vielen wie ein Feigenblatt.[7]

Nicht ohne mein Smartphone: Liebe macht blind

Und dann gibt es noch etwas, was einer nüchternen Betrachtung der Phänomene zuwiderläuft. Jede und jeder, du und ich, haben bestimmte Gefühle zu unseren digitalen Endgeräten entwickelt. Ja, Gefühle. Es muss ja nicht gleich Liebe sein, aber es geht schon in die Richtung. Es muss auch nicht gleich Sucht sein (die Diagnose Handysucht wurde 2018 von der WHO offiziell in den Kanon der anerkannten Krankheiten aufgenommen), aber auch das geht in die richtige Richtung, auch das Leugnen und Verstecken des Suchtmittels gehört ja schließlich zu den Symptomen von Sucht dazu. Was Verliebtheit und Sucht verbindet, ist, salopp gesagt, dieses: Beides macht blind, und das erschwert das Nachdenken und Erkennen von dem, was gerade mit uns und um uns passiert.

Möglicherweise kann deshalb gerade die Tatsache, dass wir alle Anfänger sind, Mut machen. Wir alle können, sollen, dürfen und müssen mitreden, unperfekt und tastend, vielleicht manchmal blind. Das heißt aber auch: Wir alle müssen nicht alles glauben, was uns Spezialisten erzählen oder uns verkaufen wollen oder unhinterfragt praktizieren. Nein, wir dürfen und wir müssen mitreden, weil es um uns selbst geht. Um uns und unser Leben.

- *Wann hast du dein erstes Smartphone in der Hand gehalten? Was hast du gefühlt? Versuche, dich an eine Zeit vor dem Smartphone zu erinnern!*
- *Wäre dein Smartphone ein Tier, als welches würdest du es sehen?*
- *Welches sind die Lieblingseigenschaften deines digitalen Freundes in der Hand?*
- *Wo liegt dein Handy gerade? Willst du nicht mal kurz einen Blick darauf werfen?*

Vernetzt: Wir sind über uns hinausgewachsen

Das Smartphone verändert unser Zeit-, Welt- und Selbstverständnis, mit oder ohne *social distancing*. Wir sind mitten drin in einer geistigen Metamorphose. Obwohl das, was passiert, auch ganz konkrete Auswirkungen auf unsere biologischen Körper haben kann, man denke an Kurzsichtigkeit durch Handynutzung, die neue Daumenkompetenz der digital natives oder nachweisbare Veränderungen im Gehirn.[8] Oder, etwas kurioser, den Vormarsch der Läuse, weil wir die Köpfe über den Handys enger zusammenstecken,[9] sowie die Lebensgefahr, in die sich die Leute beim Selfie-Schießen begeben, die Todesrate ist weltweit erfasst, in Deutschland ist allerdings bis 2017 nur ein Todesfall direkt aufs unachtsame Fotografieren mit dem Handy zurückzuführen.[10] All das lassen wir beiseite.

Die „Organe" oder „Sinne", die wir im Folgenden untersuchen werden, sind anderer Natur. Sie sind so neu, dass wir ihnen sogar erst noch Namen geben müssen. Uns sind Flügel gewachsen, wir tragen Hornhaut auf der Seele, haben einen Wisch-Welt-Daumen und eine Dunkellinse bekommen, einen Möglichkeitssinn und ein Vertrauensseelchen und noch einiges mehr.

Zunächst müssen wir uns noch kurz über das Instrumentarium dieser Anamnese verständigen: Nach welchen Methoden müssen wir vorgehen, um uns zu scannen? Welche Kurzschlüsse im Denken gibt es, zu welchen Verwechslungen neigen wir, wenn wir ans Handy denken und mit ihm zusammenleben? Welche Kontrastmittel müssen wir daher spritzen?

Standpunkt: Woher wir kommen

Jeder von uns redet dabei von einem anderen Standpunkt aus mit. Hat andere Erfahrungen im Gepäck. Bei mir verhält es sich in Bezug auf diese Anatomie des Handy-Menschen so: *Erstens* erlebe ich in der tagtäglichen Arbeit als Reporter und Redakteur eines öffentlich-rechtlichen Senders, wenn ich mit dem Umsetzen von Nachrichten für Hörfunk, Fernsehen, Online und Social Media zu tun habe, wie sehr die Form den Inhalt bestimmt, wie sehr die neuen Rahmenbedingungen Inhalte verändern, Nachrichten neu formatieren und damit die Geschichten vorprogrammieren, mit denen wir versuchen, uns, die Welt und ihr aktuelles Geschehen zu erfassen. *Zum Zweiten* bin ich, anders als meine Kinder, ein Mensch, der beide Welten kennt, die vordigitale und die digitale. Meine Kinder können sich nicht vorstellen, dass es einmal eine Welt ohne WLAN-Hotspots und mobile Daten gegeben hat, so wie ich mir nur schlecht vorstellen kann, wie die Gesellschaft ausgesehen haben mag, als es noch keine Schrift und damit kein Überdauern von Sprache gegeben hat. Ich bin mir bewusst, dass ich daher Gefahr laufe, der Nostalgie des „früher war besser" zu erliegen, glaube aber, dass darin auch gewisse Vorteile liegen können. Nämlich nicht alles allzu schnell als selbstverständlich oder gar als alternativlos hinzunehmen. Und *drittens* beobachte und beschreibe ich seit vielen Jahren das, was man mit dem Wort Spiritualität zu fassen sucht, den „gelebten Glauben", das, wofür das Herz schlägt. Sendungen, Bücher und Aufsätze entstehen regelmäßig aus diesem Arbeitsbereich, und mit vielen der in diesem Buch zitierten Menschen habe ich durch meine Arbeit auch direkt diskutieren dürfen.

- *Welches sind deine Kompetenzen? Aus welcher Perspektive kommst du aufs Handy zu?*
- *In welchen Momenten fühlst du dich abgehängt von anderen Usern, und um was beneidest du sie?*
- *Woran hängt dein Herz?*

So. Nun können wir starten. Wichtige Vorbereitung: Bitte lege dein Smartphone nicht nur zur Seite, mache es am besten auch aus. Geht das? Kannst du das? Es ist wichtig, denn schon das neben uns gelegte oder im Raum befindliche Smartphone absorbiert, wie Experimente zeigen, unglaublich viel von unserer Aufmerksamkeit.[11] Und das wäre schade. Zugegeben: Es ist beinah schon so etwas wie ein Abenteuer: Nicht googeln – selbst denken!

1. Auf der Suche nach dem Selbstgefühl: Das Instrumentarium

Der Mensch ist ein Mängelwesen. Wir sind nicht vollständig. Mängelwesen: So hat uns der Anthropologe Arnold Gehlen schon vor Jahrzehnten genannt.[12] Der Mensch ist ein Mängelwesen – und das ist seine Stärke. Gemeint ist, dass wir, anders als die meisten anderen Lebewesen, ohne viele Hilfsmittel nicht überleben können und deswegen eine ungeheure Schöpfer- und Geisteskraft entwickelt haben. Wir haben kein Fell, also brauchen wir Kleidung. Wir haben keine Reißzähne, also erfinden wir Jagdwaffen. Wir haben keine Chance, ohne Mitmenschen zu überleben, also haben wir Familien, Clans und Gesellschaften, Sprache und Kultur. Wir haben, weil wir Beziehungswesen und uns unserer Sterblichkeit bewusst sind, Worte, Tätigkeiten und Institutionen entwickelt für Situationen, in denen es weder etwas zu sagen noch etwas zu tun gibt: Gesänge, Gebete, Rituale und Religionen. Sie geben uns Sicherheit im Angesicht von Zufall, Unfall, Glück und Unglück, im Angesicht des Todes.

Mit dieser komplementären, heißt auffüllenden Sichtweise lässt sich tatsächlich die Geschichte der menschlichen Kultur gut beschreiben: Wir haben zu wenig mitbekommen auf diese Welt und bauen uns durch menschliche Kreativität Ersatz, eine zweite Natur.

Im Spiegel: Unterwerfung und Vergötterung

Wie bei allen Dingen, die der Mensch erschafft und sich als Gegenüber setzt, laufen wir Gefahr, uns der uns selbst geschaffenen Struktur zu unterwerfen, ohne es zu bemerken.[13] Wir setzen uns zum Beispiel Regeln, die zunächst sinnvoll sein mögen. Wenn die Zeiten sich ändern und der Sinn der Regeln abhandengekommen ist, bleiben sie meistens trotzdem bestehen, und es braucht eine gewisse Zeit, bis wir das registrieren und uns wieder davon emanzipieren, man denke an die Beharrungskraft von Alltagsvorschriften, wenn sie in heiligen Büchern stehen.

Wir bauen uns auch Werkzeuge und strukturieren, sollten wir mit ihnen Erfolg haben, unsere Tätigkeiten ihnen zuliebe um, man denke an die Umwandlung unserer direkten Umgebung in menschenfeindliche Verkehrsadern, dem Werkzeug Auto zuliebe. Wir schaffen uns ebenso geistige Hilfsmittel, die, wenn sie sich als hilfreich erweisen, unsere Wege fortan bestimmen und auf uns zurückwirken. Ludwig Feuerbach, einer der einflussreichsten Philosophen des 19. Jahrhunderts, meinte, das „Wesen des Menschen" bestehe darin, sich das Ergebnis seines geistigen Schaffens als normatives Gegenüber zu denken – und im Extremfall sogar zu vergöttern und anzubeten.[14]

Früher, zu Zeiten, die uns mittlerweile vorkommen wie tiefstes Mittelalter, früher, also vor etwas mehr als zehn Jahren, früher, ja damals ..., da war das Handy nur ein mobiles Fernsprechgerät. Ungeheuer praktisch, wenn man unterwegs war und jemanden anrufen wollte und keine Telefonzelle „zur Hand" war. Heute ist unser zum Smartphone evolviertes Handy nur noch nebenbei ein Telefon. Es ist Briefkasten, Telegramm- und Funkstation, Adressbuch, Kalender, Notizbuch, Diktiergerät, Videokamera, Foto und Album, Spiegel, Wecker, Spielgerät, Zeitung, außerdem noch Taschenrechner und Taschenlampe, Navigator und Weltatlas, Lexikon, Wetterfrosch und Thermometer, Radio, Fernseher, CD-Player, Flohmarkt, Einkaufscenter, Kontaktbörse, Puff, Meinungsmacher, Zeitungsersatz, Newscenter, Stammtisch, Aufenthaltsraum, Büro, Meetingpoint, Marktplatz, Pranger, Gegenüber, Freund und Helfer – und ganz grundlegend ist das Handy unser Tor zur Welt, in der digital und analog längst verschränkt existieren, so dass man, wie man angesichts der Corona-Pandemie gesehen hat, das Analoge sogar ins Koma legen kann, ohne dass wir zusammenbrechen.

Mein weites Ich: Potenz in Reinform

Der prägende Denker der Medienwissenschaften des 20. Jahrhunderts, Marshall McLuhan, selbst Pop-Ikone seiner Zeit, bezeichnete jedes Medium als „Ich-Erweiterung". Ganz konkret gemeint. *Ich* erweitere meinen Horizont. Das beginnt bei der Schrift und den daraus entstehenden Texten. Das funktioniert auch beim Radio und beim Fernsehen. Auch dort reisen wir in der Vorstellung durch Raum und Zeit. Allerdings bleiben wir dabei abhängig von dem, was gesendet wird.

Das Smartphone ist nun eine potenzierte, eine radikale Ich-Erweiterung in jede Richtung und mit völlig individuellen Möglichkeiten. Es entspricht damit der Plastizität des menschlichen Gehirns aufs Vortrefflichste. Oder, um es mal voller Pathos religiös auszudrücken, es entspricht der Welt- und Gottoffenheit des Menschen. Schon die smarte Oberfläche, der Touchscreen, ist Potenz in Reinform. Alles ist möglich! An jeder Stelle kann jedes beliebige Bild auftauchen. Und, mobile Daten vorausgesetzt, von jeder Stelle aus kann ich an jede Stelle der digitalen Welt tauchen. Eine radikale Ich-Erweiterung ist möglich!

- *Was ist mit den Fotos deiner Lieben auf dem Handy? Genügt es, sie auf der Card zu haben? Druckst du sie auch noch aus? Hängst du sie auf oder gestaltest ein Fotoalbum? Vergleiche dich mit vor zehn Jahren!*
- *An wie vielen Tagen genügt es dir, kurz und knapp mit ein paar Leuten zu chatten, und an wie vielen Tagen triffst du dich wirklich mit einem realen Menschen? Vergleiche dich mit vor zehn Jahren! Vergleiche vor und nach dem Lockdown!*
- *Fühlst du dich erst so richtig in der Arbeit angekommen, wenn du deinen Rechner hochgefahren hast und die Programme laufen? Wann machst du das Handy am Morgen an – und wann machst du es aus?*

Innerhalb weniger Jahre haben wir uns auf diese Weise individuell verknüpft, verbunden und uns selbst ausgelagert – und wähnen uns dabei frei. Weil wir auf den ersten Blick so viel selbst bestimmen und wählen und googeln können, erleben wir die Zwänge und Gesetzmäßigkeiten des neuen Mediums nicht als Fremdsteuerung oder Einschränkung unserer Freiheit. Wir haben ja unseren hilfreichen Begleiter nach unserem Willen und Gusto gestaltet, haben Klingeltöne ausgewählt, den Hintergrund und den Sperrbildschirm bestimmt sowie ein persönliches Passwort erfunden. So was fühlt sich frei und machtvoll an. So was lieben wir, weiß die Handyindustrie.

Von Marshall McLuhan stammt auch der Slogan: „The medium is the message." Das Medium ist die Botschaft. Was bedeutet: Jedes Medium verändert seine Nutzer. Um herauszufinden, wie und auf welche Weise, muss man die Blickrichtung ändern und den Möglichkeiten des Mediums nachspüren. Dann erst haben wir die *Botschaft* begriffen.[15] Darum sollte es uns gehen, wenn wir die „digitalen Endgeräte" betrachten.

Wer gedacht hatte, mit einigen Unterrichtsstunden in Medienkompetenz bekäme man das Universum Smartphone in den Griff, wird seit einiger Zeit eines Besseren belehrt. Medienkunde ist nur ein, wenn auch wichtiger Baustein, was fehlt, ist vor allem Menschenkunde. Wir müssen unser Selbstgefühl wiedergewinnen, um zu beschreiben, was mit uns passiert, wenn wir das Handy und über das Handy die weltweite digitale Maschinerie nutzen. Das Medium ist die Botschaft, und das heißt auch: Es schafft die Bedingungen, unter denen wir als Medien-User leben, es ist, noch einmal, zum einen Ausdruck, zum anderen kraftvoller Motor eines neuen Lebensgefühls. Vieles von dem, über das in den kommenden Kapiteln nachgedacht wird, lässt sich daher nicht nur diskutieren und sachlich beschreiben. Man muss es auch *erfühlen*.

Erfühlen? Schwierig, wirst du vielleicht sagen. Bleiben wir doch lieber bei den harten Fakten! Aber warte. Vielleicht ist das Fühlen-Können ja genau eine der Fähigkeiten, die uns von der digitalen Sicht auf uns Menschen unterscheidet. Wir sind fühlende Denker. Oder denkende Fühlende. Als Einheit. Das ist schließlich auch die Hoffnung der Hoffnungsvollen, dass wir am Ende durch die

Auseinandersetzung mit Künstlicher Intelligenz und den digitalen Welten einen neuen, geklärten Blick aufs Menschlich-Sein und In-der-Welt-Sein bekommen. Es gilt nicht nur der Kampfruf der Aufklärung *sapere aude,* wage zu denken! Es gilt auch *sentire aude* – trau dich zu fühlen!

Korrektur des Verstandes: Sentire aude

Denn von allen Seiten wird derzeit eine neue Aufklärung gefordert, durchaus im Kant'schen Sinne, von dem der Kampfruf *sapere aude* bekanntlich stammt. Wir sollen wieder mündig werden. Wir sollen uns aus der selbstverschuldeten Unmündigkeit befreien, aus dem Diktat der neuen Gesetzmäßigkeiten der Digitalisierung. Die Stimmen sind durch die Diskussion über die Reanimierung der Gesellschaft mit oder nach Corona gerade in den Hintergrund getreten – auf bedenkliche Weise. Denn dass uns das Digitale über manche Ausgangsbeschränkung hinweggeholfen hat, ist noch kein Argument, es weiterhin unbedarft zu umarmen.

Geistesgeschichtlich betrachtet, hat die Epoche der Aufklärung schon wenige Jahrzehnte später durch die Romantik eine notwendige Korrektur erfahren. Als die Aufklärung in der Folge Immanuel Kants alles auf den Prüfstand des rationalen Denkens stellen wollte, alles in Frage stellte, alles, was bisher geglaubt wurde, erklären und damit relativieren wollte, wurde schnell die Kehrseite des Unterfangens deutlich. Eine nur rationale Welt hat keinen Sinn mehr. Sie ist kaltes Gehäuse. Sie funktioniert nach Mechanismen. Und der Mensch in ihr funktioniert auch nach Mechanismen. Nicht, weil er Sinn macht. Auch die großen Erzählungen, wozu die Welt und wir in ihr da sein könnten, wurden ja dekonstruiert, in Einzelteile zerlegt und historisch eingeordnet. Alles lässt sich seither wegerklären, sogar der Glaube an Götter oder einen Gott. Und auch der Mensch lässt sich wegerklären. So funktioniert der Körper eben. Oder das Gehirn. So funktioniert Biologie.

Knapp zwei Jahrzehnte nach Kants berühmter Maxime *sapere aude* formierte sich daher Widerstand gegen die totale Skelettierung des Sinns, der Münchner Theologe Hermann Timm hat die Romantik daher „heilige Revolution"[16] genannt. Sie hat eine wichtige Korrektur geschaffen, um das Leben und alles, was ist, zu beschreiben: Das Leben trägt, so würden wir es heute vielleicht ausdrücken, den Sinn in sich. Und wir haben die „heilige" Aufgabe, uns ganz individuell diesen Sinn zu erschließen. Die Romantiker griffen zu den Mitteln der Dichtung, der Poesie, die eben genau das Erspüren und Fühlen fördern sollte. Joseph von Eichendorff in seinem berühmten Gedicht „Wünschelrute" bringt es so auf den Punkt: „Schläft ein Lied in allen Dingen, / Die da träumen fort und fort, / Und die Welt hebt an zu singen, / Triffst du nur das Zauberwort."[17]

Uns neu erzählen: Methode Übertreibung

Dieses Zauberwort zu treffen ist bis heute die Aufgabe, die du und ich zu lösen haben, und das, ohne dabei wieder naiv, vorrational auf die Welt zuzugehen. Das geht, wenn wir Welt und Leben nicht „wegerklären", sondern unsere

Lebenswelt und unser Leben ganzheitlich „wahrnehmen".
Denken wir also nach und fühlen uns dabei zugleich.
Durchleuchten wir unseren Leib und spüren in die Veränderungen hinein. Unserem Net-Doktor wird einiges
Neuartige an uns auffallen, von dem wir noch nicht so
recht wissen, ob es gutartig oder bösartig oder beides ist.
Wenn uns eines die Corona-Pandemie wieder in Erinnerung gerufen hat, ist es das, dass wir *Sterbliche* geblieben
sind, ungeachtet aller Rationalität.

Eine wichtige Methode dabei ist die Übertreibung, wie
es schon Günther Anders vorschlug, denn sonst würden
die Phänomene „unidentifizierbar" oder „unsichtbar"
bleiben.[18] Und das ist in unserem Fall manchmal paradox: Es bedarf der Übertreibung dessen, was „zu groß"
ist, als dass wir es im Normalfall wahrnehmen. Es über-
steigt unseren Horizont. Oder die Veränderungen sind zu
minimal, als dass wir darüber im Normalfall nachdenken.
Übertreiben, überspitzen, überpointieren wir es also,
dann merken wir, was „es" mit uns macht und was wir
mit dem neuen digitalen Lebensgefühl machen wollen,
können, dürfen oder lieber bleiben lassen sollten. Fangen
wir an, uns neu zu erzählen.

Mit dem ganzen Leib: Phänomenologie

Du könntest diese Anmerkungen zur Anatomie des
Handy-Menschen auch „Phänomenologie des Handy-
Menschen" nennen. Denn mit Edmund Husserl teile ich
folgende These der philosophischen Schule, die sich Phänomenologie nennt: Der Sinn und die Bedeutung von irgendetwas liegt nicht dahinter verborgen, sondern mitten

darin. Er geht uns nicht auf, indem wir das Phänomen, um das es geht, (psychologisch, biochemisch, soziologisch etc.) erklären und damit letztlich zum Verschwinden bringen, sondern indem wir es genau und immer präziser beschreiben, in Zeitlupe nachverfolgen oder bewusst vergrößern. Sodass wir das, was wir beobachtet haben, in Worte fassen, um es erst mal richtig sichtbar zu machen. Wir müssen, um „zu den Sachen selbst" zu kommen, gerade alle Theorien, Vormeinungen, ja unser „Wissen" ausklammern.

Mit Hermann Schmitz, dem Begründer der neuen Phänomenologie, der jahrzehntelang an einer Phänomenologie des menschlichen Leibes gearbeitet hat, teile ich den Gedanken, dass wir Menschen uns nicht in Körper und Seele auftrennen sollten, nicht in Verstand und Gefühle, um uns zu verstehen. Wir sind ein Ganzes, wir nehmen uns und die Lebenswelt als Ganzheit wahr. Wir erfahren uns und die Welt nicht rein körperlich, nicht rein seelisch, nicht rein sinnlich, nicht rein gedanklich, sondern mit dem ganzen „Leib", wie Hermann Schmitz es nennt. Er fügt hinzu: Es sind daher auch gar nicht die Gedanken, die uns zu dem machen, was wir sind, sondern die Gefühle, die uns gleichsam von irgendwoher ergreifen und maßgeblich in unser Leben eingreifen. So kommt Schmitz auf ganz neue Schlüsselszenen dessen, was uns ausmacht und was uns bestimmt.[19]

Und schließlich finde ich den Gedanken des Philosophen und Soziologen Max Scheler sehr plausibel, dass sich auch das Gute intuitiv „erfühlen" lässt. Dass sich „Werte" erfühlen lassen. Dass wir uns zu ihnen hingezogen fühlen, mit dem ganzen Leib, unmittelbar, intuitiv, so dass es uns kalt den Rücken runterläuft oder sich uns die Haare aufstellen, wenn etwas unseren Werten zuwiderläuft. Und dass wir sehr wohl unterscheiden können: zwischen persönlichen Vorlieben und „höheren Werten", die dauerhaft sind, Einheit stiften, eine überindividuelle tiefe Befriedigung bringen oder die sogar so absolut erfahrbar werden wie die Würde. Und dass es gerade deshalb darauf ankommt, das Fühlen zu trainieren und mögliche Abgestumpftheit zu überwinden, um zu merken, was guttut und was gut ist.[20]

Illtümer: Was wir glauben, muss nicht stimmen

Es gibt bei unserem Zusammenleben mit dem Smartphone nicht nur Abstumpfungen, sondern auch grundlegende Verunsicherungen. Für Erstere habe ich bei dem österreichischen Sprachakrobaten Ernst Jandl das treffende Wort ILLTUM gefunden. Illtum ist eines der schönsten Worte, die es gibt bzw. nicht gibt. Es stammt aus Jandls Gedicht „lichtung // manche meinen/lechts und rinks/ kann man nicht/velwechsern./werch ein illtum!"[21]

Illtum ist für mich eine folgenreiche Mischung von Irrtum und Illness. Ein krankmachender Irrtum, mehr zu fühlen als zu definieren. Gut gemeint, aber damit das Gegenteil von gut – doch, und das ist das Entscheidende, wir bemerken es nicht. Einfaches Beispiel: Das Internet, der digitale Weltinnenraum, ist u. a. geboren aus dem Aufbruchsgeist der Hippies, verknüpft mit dem Fortschrittsgedanken, die Welt zu einer besseren, gleicheren, global zugänglicheren zu machen. Endlich sollte jede mit jedem hierarchiefrei, vom Du zum Du zum Ihr, zu allen mit jedem kommunizieren können, über alle Grenzen hinweg! Ziel war der freie, gleiche, geschwisterliche Zugang zum

Weltwissen und zu uns selbst! Und das unabhängig von Verdienst, Bildung und sozialem Status! Ein befreiender Gedanke, wahrhaft revolutionär! Mittlerweile halten viele, sogar die Pioniere des Internets selbst, all das für einen Riesenirrtum. Einer der Gründer, Tim Berners-Lee, arbeitet 30 Jahre nach Einführung des WWW sogar an einer Alternative mit dem Namen Solid, kurz für Social Linked Data.[22] Demokratien werden gegenwärtig nicht gestärkt, sondern bedrängt, die Netzmacht ist in den Händen weniger, demokratisch nicht legitimierter Mega-Konzerne, und wir werden nicht als Weltbürger, sondern meist nur als potentielle Kunden angesprochen. Doch wir nehmen dies in der Praxis allenfalls zur Kenntnis, ignorieren es aber in der Regel oder merken es gleich gar nicht. Wir sind bei der Grunderzählung geblieben, das Internet sei erlösender Fortschritt pur. Das ist eine Verwechslung. Ein Illtum.

Zersplintert: Wo sind wir, wenn wir ins Smartphone schauen?

Noch eine zweite Verunsicherung macht uns zu schaffen, und wir werden ihr immer wieder begegnen. Auch dafür habe ich ein Wort gefunden, das es nicht gibt, das wir aber gut brauchen können. Wir verdanken es Klaus Fritz, dem deutschen Übersetzer von Harry Potter. Er übersetzt das englische *to be splinched* mit *zersplintert sein* oder *zersplintert werden*. Es bezeichnet missglückte Teleportationen, wenn also Bein, Hand oder Fuß sich an einem Ort, der Rest des Menschen an einem anderen Ort befinden. Ich beschreibe damit die Verwechslung von Ort und Anwesenheit. Wo sind wir, wenn wir in der U-Bahn sind und zugleich in den digitalen Welten hinter dem Touchscreen? Wo ist deine Partnerin, wo ist dein Partner, wenn sie oder er jemand anderem schreibt, während du ein Gespräch führen willst? Diese grundsätzliche Frage wird uns immer wieder beschäftigen.

TINA: Alternativlos ausgeliefert?

Die dritte Verwechslung, die uns durch diese anatomischen Betrachtungen begleiten wird, ist ein eigenartiger Defätismus. Ein Sich-Ergeben. Eine Art Lähmung. Seit längerem wird diese Denkstruktur als TINA bezeichnet. TINA ist die berühmt gewordene Abkürzung für *There Is No Alternative*. Ein Satz, der im Politischen von Margaret Thatcher geprägt wurde und sich in den vergangenen Jahren auch gesamtgesellschaftlich zu einer beliebten Argumentationsstrategie entwickelt hat, 2010 wurde „alternativlos" zum Unwort des Jahres gewählt. Der US-amerikanische Philosoph Francis Fukuyama hat dieser Lebenseinstellung ein philosophisches Denkmal gesetzt, indem er das „Ende der Geschichte" ausrief und im Wesentlichen keine Alternativen zum Kapitalismus mehr erwartete. Susan George oder Carl Amery haben dem entgegengehalten: Es gibt tausende Alternativen.[23] Dieses TINA-Syndrom durchzieht auch unser persönliches Empfinden, wenn es um die digitale Welt geht. Die stellt sich uns ja – unter anderem in ihrer Undurchschaubarkeit – auf den ersten Blick als alternativlos da. Klassisches Beispiel: Das Internet ist kostenfrei, dafür werden unsere Daten abgesaugt und verkauft – es zeigt sich uns keine Alternative und so schlucken wir es. Wir können es nicht ändern. Oder: Wir stimmen allen AGBs aller Apps zu, in der Regel, ohne sie zu lesen. Wir können sie nicht ändern, wollen aber unbedingt mitspielen. Wer bei Google gefunden werden will, muss sich den Google-Regeln unterwerfen – sonst kommt man nicht vor. Solches TINA-Denken hat auch so manche Denker der Digitalisierung und Propheten der Künstlichen Intelligenz so sehr im Griff, dass es genügend gibt, die behaupten, der point of no return sei schon längst überschritten, und die Schreckvisionen der sich selbstständig machenden Mega-intelligenzen und der Weg der Weltherrschaft von KIs seien nicht mehr abzuwenden. Doch: Alles könnte anders sein, schreibt der Zukunftsforscher Harald Welzer.[24] Das Gegenmittel gegen das TINA-Denken kann nur Infrage-stellung der Selbstverständlichkeiten sein, nach dem Motto: *Alles kann, nichts muss.*

Damit ist das Instrumentarium umrissen. Jetzt geht's ans Eingemachte. Wir können mit dem Scan des Handy-Menschen beginnen.

2. Der Möglichkeitssinn

Sinn fürs Mögliche haben Menschen natürlich immer und überall gehabt, aber mit dem Smartphone in der Hand kommt er zu einer ganz neuen Stufe. Wir erleben nun Möglichkeiten, ohne dass nur eine einzige dieser Möglichkeit Wirklichkeit werden muss – und das ist neu!

Sinnbild fürs Mögliche ist der Touchscreen, ein Wunderwerk der Technik. Wie war deine Reaktion, als du das erste Mal gewischt und getippt hast? Ein digitales Tischlein-deck-dich! Ein Nichts, das alles zeigen kann. Das mit der leichten Berührung mit dem Finger eine Welt öffnen kann. Ist das denn die Möglichkeit!

Kunst der Menschheit: Spiegelbild des Bewusstseins

Der Anthropologe und Kulturphilosoph Jean Gebser hat kurz nach dem Zweiten Weltkrieg seinen monumentalen Durchzug durch die Geistes- und Mentalitätengeschichte „Ursprung und Gegenwart" vorgelegt, in der er die Kunstwerke der Menschheit von den Anfängen bis zur Gegenwart interpretiert.[25] Dabei ist er auf der Suche nach sich überlagernden Schichten des menschlichen Geistes und fragt stets, wie Weltbilder entstanden sind und wie sich die Wahrnehmungsformen und -möglichkeiten der Menschen entwickelt haben. Für ihn ist die Kunst ein Spiegel des Bewusstseins. Und deshalb könne man von den kulturellen Ausdrucksformen der jeweiligen Zeit auch etwas über die mentalen Fähigkeiten der Menschen lernen, über ihre Welt- und Selbstwahrnehmung und Bewusstseinszustände. Über das, was *möglich* war. Schon Gebser verknüpfte, und das ist in unserem Zusammenhang interessant, die Entwicklungen des menschlichen Geistes mit verschiedenen Organen.

So haben etwa in sehr frühen Darstellungen des Menschen die Gesichter keinen Mund – Gebser schließt daraus, dass die Sprache in dieser, wie er sie nennt, „magischen" Phase der Menschheit nicht die Rolle gespielt hat, wie sie es heute tut. Für das Selbstverständnis des Menschen war sie nicht wichtig. Und offenbar auch nicht für die Kommunikation. Möglich, dass dafür Formen der nonverbalen Verständigung bis hin zu telepathischen Fähigkeiten bedeutsamer waren. In dieser magischen Phase waren die Menschen vor allem Lauschende. Nach innen und nach außen. Menschen haben sich nicht als Gegenüber zur Welt verstanden, sondern als eingebettet, als Einheit mit allem, was ist, auf gewisse Weise „eindimensional". Dementsprechend, so Gebser, habe man sich mittels der basalen Vitalfunktionen, mittels Instinkt, Trieb und Gefühl orientiert, die für den Alltag maßgeblichen Organe seien daher die „Eingeweide" und das Ohr gewesen.

Wachsende Möglichkeiten: Magie, Mythos, Ratio

In den Zeiten, in denen Mythen von Helden und Göttern erzählt wurden (die Jahrhunderte auch der großen religiösen Überlieferungen in der antiken Welt), um das Leben und die Welt zu deuten, war der Mensch völlig anders unterwegs. Er hat die Fähigkeit erlangt, sein eigenes

Innenleben anzuschauen, indem er es zur Sprache bringt. Seelenleben wird als Mythos erzählbar. Damit wird es in den Zusammenhang mit dem Großen und Ganzen gestellt. Das Große deutet das Kleine und umgekehrt. Gebser nennt dieses Seinsverständnis „zweidimensional", und so sind auch die meisten künstlerischen Darstellungen der Antike. Die wesentlichen Fähigkeiten des Menschen sind nun Imagination, Empfinden und das Gemüt, die zentralen Organe sind Herz und Mund, zuständig fürs Fühlen und Erzählen.

Die Entdeckung der Perspektive in der Malerei zu Beginn der Neuzeit markiert wieder ein neues Zeitalter des Geistes, das „rationale" Zeitalter. Die neue „dreidimensionale", rationale Lebenssicht löst die Menschen sowohl aus der magischen wie aus der mythischen Verbundenheit mit der Welt und Umwelt völlig heraus. Seither empfinden Menschen sich meist als Gegenüber zur Welt, sie sezieren und analysieren, sie werfen schließlich das Licht der Aufklärung auf alles, was ist, und sie leben mit der Maxime, der Verstand sei das allbeherrschende Instrument in dieser Welt. Bestimmend sind nun Reflexion, Abstraktion und Wille. Dementsprechend sind für Gebser die Organe der Neuzeit das Auge und das Gehirn.

Integral: digital?

Für seine eigene Zeit, für die erste Hälfte des 20. Jahrhunderts, erhoffte sich Jean Gebser einen neuen Geistessprung, den er „integral" nannte, „vierdimensional". Vorzeichen dafür meinte er schon zu erkennen. Als Sinnbild für dieses neue Lebensgefühl, das die vorauslaufenden Seinsweisen und Fähigkeiten des Menschen in sich positiv aufnehmen und „integrieren" kann, fand Gebser das Gemälde seines Freundes Pablo Picasso „Der Strohhut" aus dem Jahr 1938. Man sieht die Porträtierte zugleich im Profil und von vorne. Die Menschheitsaufgabe nach dem großen Zivilisationsbruch des Ersten und Zweiten Weltkriegs sowie des Holocausts sei nunmehr, auch die einseitig rationale Weltsicht zu überwinden. Denn diese macht in letzter Konsequenz selbst Menschen zu Objekten (was Max Horkheimer und Theodor W. Adorno in der Folge Max Webers als „Dialektik der Aufklärung" bezeichnet haben).

Überwunden werden soll diese einseitige Perspektive „integral". Ganz so, wie Georg Wilhelm Friedrich Hegel es mit dem für seine Philosophie zentralen Begriff der „Aufhebung" meinte, nämlich so, dass das Vorige, sollte es auch gegensätzlich sein, auf einer neuen Ebene in der Zusammenschau eine ganz neue Qualität erreicht. Gebsers Frage war daher, wie die frühere archaische bzw. magische, mythische und rationale Bewusstseinsstufe in einer neuen „aufgehoben" sein könnte, so dass daraus etwas qualitativ Neues entsteht, ein neues Bewusstsein. So wie bei Picassos Bild mehrere Perspektiven sich in einer einzigen Ansicht überlagern, so sollte ein integrales Lebensgefühl mehrere Perspektiven des Seins in sich tragen und zu einem Ganzen zusammenbinden (der Begriff „integral" wurde dann z. B. von Steve McIntosh und Ken Wilber aufgenommen und weitergeführt).

Gebser findet dafür nicht mehr ein Organ im Inneren des Menschen, für ihn ist der Konzentrationspunkt für das neue „Gewahrwerden" der Scheitel. Sprich: Wir könnten über uns hinauswachsen.

Konzentration: Touchscreen

Vielleicht würde Jean Gebser heute auf den Touchscreen verweisen, um die Gleichzeitigkeit verschiedener Dinge, Zeiten, Denk-, Glaubens- und Fühlweisen in *einem* Symbolbild zu vereinen. Denn der Touchscreen ist in gewisser Weise vierdimensional. Er ist ein Bild, das gar nicht mehr ist, sondern nur noch darauf wartet, etwas zu werden. Pure Möglichkeit eben. Allerdings würde Gebser das Symbolbild, also das Produkt, nicht mit dem Leben selbst verwechseln. Wozu wir Handy-Menschen offenbar neigen – wir werden am Ende dieser Anatomie noch einmal darauf zurückkommen.

Menschen sind Möglichkeitstiere, und so ein Ding, das alles werden kann, entspricht unserem Geist ausgezeichnet. Menschen steht, wohl noch einmal anders als allen anderen Lebewesen dieses Planeten, im umfassenden Sinn die Welt offen, sie sind nicht auf eine spezielle ökologische Nische beschränkt, und selbst dort, wo sie Begrenzung erfahren, können sie auch die durch Vorstellung und Phantasie, Sprache und Geschichten überwinden. Die Moderne brachte es uns vollends zu Bewusstsein. Jean-Jacques Rousseau hat mit Blick auf die Entwicklung der Persönlichkeit, aber auch auf die Rolle des Menschen in der Gesellschaft betont: Der Mensch ist in einem sehr grundlegenden Sinne als Individuum frei. Und er ist dabei immer im Werden.[26] So wie der Touchscreen immer im Werden ist. Wir haben Möglichkeiten. Wir rechnen mit allem Möglichen. Dann und wann rechnen wir sogar mit dem Unmöglichen.

Das Smartphone mit der digitalen Maschine dahinter ist also wie gemacht dafür, unseren Sinn für Möglichkeiten noch einmal wachsen zu lassen.

Instant-Tiefe: Schockgefrostete Möglichkeit

Nun liegt also vor uns eine glänzende Oberfläche voller Möglichkeiten. Darauf wartend, dass wir sie aktivieren. Die Frage ist nun, wie ist die Tiefe beschaffen, in die wir mit den Fingerspitzen hineintauchen können? Wo sind ihre Möglichkeiten bereichernd und wo tun sie nur so, echte Möglichkeiten für uns zu sein, ohne dass wir den Unterschied bemerken? Das wäre dann ja ein klassischer Illtum!

Drauftippen. Schauen. Staunen. Weiterklicken. Was passiert? Was tut sich auf? Das, was uns hinterm, unterm, im oder durchs Display erwartet, ist eine Art Instant-Tiefe. Schockgefrostete Möglichkeit. Sofort löslich. In kürzester Zeit zum Genuss bereit. Dort drin erscheint uns alles als eine Art Konzentrat. Als eine Reduktion aufs Wesentliche. Will ich mit jemandem sprechen, konzentriere ich mich auf die Stimme. Mein Gegenüber erlebe ich im Gegenzug nur auf die Sprache reduziert. Schreibe ich am Smartphone mit jemandem, konzentriere ich mich auf ein paar wesentliche Worte (schon die Rechtschreibung spielt oft keine Rolle). Ich reduziere die Kommunikation mit meinem Gegenüber – oder mit einer ganzen Gruppe – daher auf wenige Sätze. Meine dazugehörigen Stimmungen konzentriere ich auf die vorhandene Auswahl von derzeit maximal 722 verfügbaren Emojis. Informiere ich mich, wo etwas in meiner Stadt oder Gemeinde zu finden ist, wartet – instant und in grober Auflösung – ein Stadtkonzentrat auf mich, der digitale Stadtplan. Und so weiter. Die Möglichkeiten sind also, obwohl auf den ersten Blick unendlich, trotzdem begrenzt. Weil das Digitale an sich reduzierte Wirklichkeit ist.[27]

Wenn ich das Smartphone als reines Kommunikations- oder Informationswerkzeug verstehe, ermöglicht es, praktisch, schnell und „konzentriert" etwas zu organisieren. Ich kann Nachrichten in eine größere Distanz verschicken, weiter, als ich rufen kann, oder gleich für eine ganze Gruppe. Ich kann Termine unterwegs ausmachen und dadurch an ungewöhnlichen Orten meinen Alltag planen. Ich kann einfach und unkompliziert Bilder aus dem Urlaub verschicken, ohne erst eine Postkarte und eine Briefmarke kaufen zu müssen. Ich kann mich auf vielfältige Weise anderen mitteilen. Auf diese Art benutzt, ermöglicht das Handy vor allem einen simplen Kontakt, wo er ohne es nicht oder nur schwer möglich wäre. Dann entspricht auch die Instant-Tiefe genau dem, was ich will. Sie reicht aus, um zu organisieren und Informationen zu verschicken.

Das wichtigste Werkzeug für viele Flüchtlinge ist ihr Smartphone, weil es erlaubt, mit den Liebsten in Kontakt zu bleiben, deren Stimme zu hören, die neuesten Bilder zu sehen oder zu wissen, ob der andere überhaupt noch am Leben ist. Wie wohltuend, praktisch und genial ist es, mit einem lieben Menschen per Instant-Messaging-Dienst verbunden zu sein, wenn er im Krankenhaus liegt. Wie einfach ist es, ihn per WhatsApp oder Threema teilhaben zu lassen – am Alltag, am Leben, an guten Gedanken, und das täglich, öfter noch, als man ihn besuchen könnte! Wie einfach und schnell kann ich Familienmitglieder und Freunde (oder im Extremfall auch die halbe Welt) an einem Eindruck, einer Meinung, einem Missstand, einer Idee oder aber auch nur einer wichtigen Absprache teilhaben lassen!

Auf diese Weise stellt das Handy etwas her, so wie es andere Werkzeuge auch tun. Dann ist es ein Kontaktwerkzeug. Dann ermöglicht es das, was der amerikanische Verhaltensforscher Michael Tomasello die Basis menschlicher Kommunikation insgesamt genannt hat: „geteilte Intentionalität"[28]. Die Fähigkeit, die Perspektive mit jemandem zu teilen. Und dadurch sich jemand anderem mitteilen zu können. Das Smartphone ist *das* Teil- und Mitteilungsmittel schlechthin. So weit, so gut. Die Notlösungen der Corona-Krise – Teamsitzungen digital, Homeschooling per Mebis und Zoom, digitale Seminare an den Universitäten – zeigen beides: Es geht mehr als gedacht. Und es geht weniger als gedacht. Und digital kann ganz schön anstrengen.

Auf halber Strecke: Das ganz andere Werkzeug

Die Tiefe, die uns das Display eröffnet, zeigt noch eine grundsätzlich andere Möglichkeit, mit dem Handy umzugehen. Das Smartphone ist nicht nur ein Werkzeug wie die übrigen Werkzeuge, die die Menschen erfunden haben. Es ist nicht nur ein Taschenmesser mit noch einigen erweiterten digitalen Funktionen. Es ist auf eine spezifische Weise anders als Hammer und Meißel, Säge oder Stift. Mit dem Hammer schlage ich Nägel in die Wand, um dann ein Bild aufzuhängen. Oder ich verbinde Bretter zu einem Regal. Mit dem Meißel bearbeite ich Steine, bis sie passgenau sind, um daraus etwas zu bauen, zum Beispiel ein Haus. Mit der Säge zerteile ich Material in mehrere Stücke, zum Beispiel Rohre, damit ich mir Wasser in die Wohnung legen kann. Mit dem Stift bringe ich Tinte aufs Papier und kann auf diese Weise etwas malen oder schreiben, Botschaften übermitteln.

Das Handy ist auch anders als die großen komplexen Erfindungen, es ist anders als das Auto oder das Flugzeug, anders als ein Atomkraftwerk oder die Internationale Raumstation ISS. Mit dem Auto und darin befindlichen Motor bewege ich mich von A nach B. Mit dem Flugzeug werden Menschen und Güter durch die Luft transportiert. Mit einem Atomkraftwerk wird auf hochkomplexem und riskantem Wege Energie freigesetzt, damit Haushalte und Industrie mit Strom versorgt werden können. Und mit der ISS wird es möglich, dass Menschen im Orbit Wochen und Monate überleben, die dann dort oben Experimente durchführen können und Erkenntnisse sammeln. Was all den genannten „Werkzeugen" gemeinsam ist: Sie sind erfunden worden, um damit etwas zu vollbringen. Um etwas zu schaffen. Um etwas zu tun, was ohne diese Geräte nicht so gut oder überhaupt nicht geht.

Das Smartphone – und damit meine ich immer auch die digitale Maschine dahinter – ist ein Werkzeug, das auch noch etwas anderes kann. Psychologen nennen es „Affektregulation" oder „Emotionsregulation". Handys, so beobachtet es der Kultur- und Hirnforscher Gerald Hüther, „eignen sich auch ganz exzellent, um irgendwelche ungestillten Bedürfnisse, Sehnsüchte, Gefühlswallungen wie Wut oder Einsamkeit oder Frust abzubauen"[29]. (Allerdings erzeugen sie auch ein Vielfaches an neuen Zuständen und Gefühlswallungen, aber das kommt später).

Eigentlich auch praktisch, könnte man sagen. Ein Abbau-Werkzeug! Hammer und Meißel für die Seele! Doch Folge dabei kann sein, dass die Bedürfnisse, die in uns wach werden, die Gefühle und Wünsche, die wir spüren, nicht auf derselben Ebene gestillt, bearbeitet und befriedigt werden, auf der sie entstehen. Nicht auf der Ebene des Lebens. Nicht leibhaft. Sie werden nicht „realisiert". Sie werden lediglich ans Handy übertragen, und das Handy löst dann alles für uns. Es genügt dann allein das Gerät, um die Affekte zu regulieren, auf praktischstem, einfachstem und direktestem Wege. Die Befriedigung unserer Bedürfnisse wird erreicht, ohne dass es eine Konsequenz im Leben haben muss oder dass wir gar daran wachsen. Es sind nur Instant-Befriedigungen.

Gute Verbindung: Kein Gespräch

Mit dem Handy in der Tasche fühle ich mich zum Beispiel verbunden. Das ist ein starkes Gefühl. Es gibt Sicherheit. Zu jeder Sekunde des Tages habe ich die Möglichkeit, mit anderen Kontakt aufzunehmen. Natürlich mit Freunden. Notfalls auch mit Rettungsdiensten oder der Polizei. Bin ich aber wirklich verbunden – oder tut „es" nur so? Logisch, das Handy ermöglicht, dass ich mit vielen Freunden tatsächlich im Laufe des Tages Kontakt haben kann (ich meine schon die ganz echten Freunde, nicht die Facebook-Freunde, obwohl das für die natürlich auch gilt). Zum Beispiel, indem ich hin und wieder ein Bild schicke oder eine kleine Nachricht. Daraus wird aber kein Gespräch mehr. Oder nur ein sehr rudimentäres Gespräch. Und erst recht wird daraus kein echtes Treffen mehr. Keine echte Begegnung.

Aber – und jetzt wird es unheimlich, das echte Gespräch oder das richtige, leibhafte Treffen gehen mir gar nicht mehr ab! Weil ich mich ja bereits informiert oder verbunden *fühle*! Es baut sich gar nicht mehr oder nicht mehr so oft das reale Bedürfnis auf, sich mit einem Freund oder einer Freundin auch zu treffen. Unser Kontakt ist dauermöglich, und dieses Gefühl ist so gut, dass es uns auszureichen scheint.

Wenn es so ist, liegt ein signifikanter Unterschied in der Nutzung des Handys vor. Dann ist es kein Werkzeug im klassischen Sinn mehr, das ich gut gebrauchen kann, um schnell und unkompliziert mein Leben zu organisieren und etwa jemanden wirklich zu treffen. Dann nutze ich es lediglich, um das Gefühl zu befriedigen, nicht einsam zu sein, ohne dass ich dabei überhaupt jemanden treffen „muss".

Ersatzbefriedigung: Klick und Wisch

Der Freizeitmonitor der „Stiftung für Zukunftsfragen" zeigt in einer schon ein paar Jahre alten Studie, wie sehr das Freunde-Treffen und das Miteinander-etwas-Erleben im Hier und Jetzt abgenommen haben. Und das eben wohl gerade, weil wir uns mit dem Handy in der Hand immer gut vernetzt und verbunden fühlen dürfen. In der Studie heißt es: „Innerhalb eines Jahrzehnts stieg die PC-, Internet- oder Handynutzung deutlich an. Auf der anderen Seite haben aber soziale Aktivitäten verloren; die Bürger unternehmen mittlerweile seltener etwas mit Freunden, sprechen weniger Einladungen aus und reden auch nicht mehr so oft über wichtige Dinge wie früher."[30] 2014 gaben nur noch 7 Prozent der Befragten an, regelmäßig einzuladen oder eingeladen zu werden, zwanzig Jahre vorher waren es noch 28 Prozent. Etwas mit Freunden unternehmen nur noch 17 Prozent regelmäßig, zwanzig Jahre früher waren es 34 Prozent. Einen Tagesausflug machten 2014 nur noch 2 Prozent der Befragten regelmäßig, 1994 waren es noch 18 Prozent. Ebenso verlieren das Shoppen in einem „echten" Laden und das Essengehen signifikant.[31]

Per Smartphone können wir also unsere Bedürfnisse verwirklichen, ohne sie zu realisieren. „Wenn man Frust hat", so Gerald Hüther, „ballert man ein bisschen herum. Wenn man sich einsam fühlt, chattet man ein bisschen herum. Wenn man ein sexuelles Bedürfnis hat, geht man auf eine Pornoseite – und so kann man jedes Bedürfnis, das man gerade hat, mithilfe dieser digitalen Medien abarbeiten, ohne dass das tatsächlich im realen Leben stattfindet."[32] Etwas eigentlich Entscheidendes passiert dann nur noch dadurch, dass es eben im eigentlichen Sinne *nicht* passiert.

Wer am Handy alle seine Affekte sofort befriedigen kann, alle Wünsche und Bedürfnisse in „light"-Form abarbeitet, lernt dabei möglicherweise gerade nicht, seine Affekte wirklich und im echten Leben zu regulieren, am Ende noch im Austausch mit anderen Menschen und deren Bedürfnissen. Der verlernt die Tiefe eines leibhaften Gesprächs, den anderen im Raum wahrzunehmen und zu deuten. Wenn wir ein so praktisches Werkzeug ständig bei uns haben, mit dem wir jedem Gefühl sofort nachkommen können, jeden Impuls befriedigen können –

ohne ihn wirklich leibhaft zu befriedigen –, dann lernen wir möglicherweise insgesamt die Affektregulation nicht mehr. Dann gewöhnen wir uns an die bequeme Lösung, mal schnell zum Handy zu greifen, und lösen nichts mehr in und mit unserem Leben. So, wie wir uns nichts mehr merken müssen, weil wir alles googeln können. „Unser Gehirn funktioniert", schreibt der Ulmer Hirnforscher und Digitalisierungsskeptiker Manfred Spitzer, „so ähnlich wie ein Muskel. Wird er gebraucht, wächst er; wird er nicht benutzt, verkümmert er"[33].

Verdummung: Der einfache Weg des Daddelns

Gerald Hüther unterscheidet zwei Grundbedürfnisse des Menschen: Autonomie und Verbundenheit.[34] Das Besondere am Smartphone ist nun, dass es beide Grundbedürfnisse befriedigen kann, und das auch noch sofort und überall – aber meist eben ohne Auswirkung aufs Hier und Jetzt. Wir erleben uns als autonom Handelnde, als „mächtig", als „selbstwirksam". Wir erleben uns auch als „verbunden" und können uns „teilen" und „mitteilen". Aber wir können das alles tun, ohne dabei eine Erfahrung zu machen. Ohne etwas zu verwirklichen, was „im Gedächtnis" bleibt.

Gerald Hüther fügt hinzu: Wenn die Wünsche nach Freiheit und nach Autonomie, nach Verbundenheit und Geborgenheit mithilfe des digitalen Zauberkastens in unserer Hand sofort und immer und überall gestillt werden können, dann können wir von solchen einfach zu realisierenden Lösungen abhängig werden, weil „sich im Hirn immer stärkere Vernetzungen ausbilden, mit denen wir dieses Medium immer besser nutzen können, um uns die Illusion zu verschaffen, wir seien wirklich gut mit anderen verbunden oder wir seien jemand, der irgendwas gestaltet"[35]. Aber am Ende – ist nichts *gestaltet*. Am Ende – sind wir niemandem *begegnet*. Am Ende haben wir mit niemandem ein *Gespräch* geführt. Wir haben nur ständig die Möglichkeit gehabt, es zu tun.

An dieser Stelle setzen Kritiker an, die im Smartphone eine große Verdummungsmaschine sehen und befürchten, dass wir komplett davon abhängig werden. Der prominenteste Vertreter dieser Sorge ist in Deutschland gegenwärtig der eben schon zitierte Manfred Spitzer, der über Jahre Studien gesammelt hat, die in der Tat alarmierend wirken.[36] Wir werden, so Spitzer, abhängig vom Smartphone und von dessen unbegrenzten Möglichkeiten, weil wir gar keine anderen Lösungen sowohl für einfache als auch für komplizierte Probleme und Bedürfnisse mehr kennenlernen, einüben und ausbilden. „Langfristig", so seine Befürchtung, „besteht die Gefahr, dass Facebook & Co zur Schrumpfung unseres gesamten sozialen Gehirns führen werden."[37] Wir haben dann am Ende des Tages nur gelernt, mit dem Handy schnell, praktisch und gut umgehen zu können. Spitzer nennt es „digitale Demenz".

- *An was wirst du dich am Ende des Jahres eher erinnern? An einen Chat ins Krankenzimmer oder an einen Besuch im Krankenhaus? An einen Abend mit Freunden mit gemeinsamem Essen und Trinken oder an ein paar lustige Bilder, die wir uns geschickt haben? An einen Spaziergang durch den Wald oder an das Anschauen einiger YouTube-Filme zum lustigen Leben der Tiere ebendort?*

- *Welchen Unterschied macht es, mit jemandem wirklich körperlich den Raum zu teilen, wirklich anwesend zu sein? Was nimmst du noch zusätzlich wahr? An welche Begegnungen aus den vergangenen sechs Monaten erinnerst du dich?*
- *Wie hat die zwangsweise Reduktion aufs Digitale durch Corona deine Sicht auf Freunde und Begegnungen verändert? Hat sie überhaupt etwas verändert?*
- *Wie zeigst du dich in den Sozialen Medien? Was erzählst du, was nicht? Was würdest du gerne mal einem Freund oder einer Freundin erzählen, aber du kommst nicht dazu?*
- *Welche Fotos teilst du besonders gern – und warum? Fotografierst du auch manchmal nur, damit du was zum Herzeigen hast?*

Teile dich: Training des Eigensinns

Andere hoffen trotzdem, dass das Handy zumindest auch ein Bildungsmotor sei. *Die* aktuelle Möglichkeit, sich selbst besser kennenzulernen. Mehr noch, um zu sich selbst zu finden, gerade weil man sich ja in der digitalen Welt noch mal neu erfinden muss. Das ist man seinen Followern und Freunden schuldig. Die Facebook-Seite will gepflegt werden. Instagram muss bedient werden. Das Handy wäre dann unser Werkzeug fürs „Identitätsmanagement".

Und unsere Identität „managen" müssen wir heute. Wir erleben uns auf viele Weise als dazu genötigt, uns zu erfinden, um uns zu finden, um zu werden, was wir sind. Das liegt auch am regelrechten Zwang der Moderne, sich selbst Sinn zu geben, für sich selbst Sinn zu finden und zu erfühlen, nachdem es kein übergeordnetes, unhinterfragbares Wertesystem und Weltbild mehr gibt.[38] Dazu haben wir zu viele Vergleichsmöglichkeiten in einer globalisierten Welt. Zu viele verschiedene Antworten darauf, wie das Leben gut funktioniert. Wir sind also selbst gefragt, zu wählen und unser Welt- und Selbstbild zu bauen.

Wenn wir uns im Internet bewegen, unsere Profile erstellen, Fotos posten oder schicken, eine eigene Homepage pflegen, uns Facebook-Freunden mitteilen, Pleiten, Pech und Pannen auf YouTube stellen, Nachrichten versenden, Meinungen in die weltweite Twitter-Runde werfen – könnte man das doch, so meinen eben manche, auch als eine ausgezeichnete Möglichkeit sehen, uns unserer selbst bewusst zu werden. Das war mein Tag. Das war mein schönstes Erlebnis. Das hat mir geschmeckt. Das bin ich. Das macht für mich Sinn. Schau hin!

Der Soziologe Jan-Hinrik Schmidt meint daher, all das, was wir von uns selbst zeigen, sei „Bestandteil der übergeordneten Praxis der Selbstauseinandersetzung, mit der Menschen (für sich und andere) die Frage beantworten, wer sie sind bzw. wer sie sein möchten"[39]. Sprich: Was man früher vielleicht dem Tagebuch anvertraut hätte, wird eben heute durch die Arbeit an der eigenen Social-Media-Identität versucht, an der eigenen Homepage, dem eigenen Wikipedia-Eintrag oder an was auch immer. Ich kann sogar testen, was ankommt, was nicht. Ich bekomme ständig Feedback und habe die Möglichkeit, daran zu wachsen! Oder?

- *Schreibst du Tagebuch? Oder einen Blog? Wer ist der Adressat deines Tagebuchs – Du selbst, dein höheres Selbst, gar Gott? Und wer ist der Adressat deines Blogs?*
- *Nach wem sehnst du dich, wenn du dein Handy zu Hause gelassen hast?*
- *Welche „Gespräche" führst du nur online? Blick zurück auf deine Chats … Welche Dinge würdest du online niemals be-*

sprechen? Und von welchen Dingen hast du bis Corona gemeint,
dass du sie online niemals besprechen würdest, bist aber nun eines
Besseren belehrt worden?

So ein modernes „Identitätsmanagement" hat etwas von
einem dauernden Wechselspiel von Suchen und Finden,
Trial & Error. Man muss sich selbst ausprobieren. Man
muss sich selbst immer wieder in Worte fassen, um sich zu
fassen, oft genug spielerisch und selbstironisch.

Und das wahrscheinlich ein Leben lang. Alle paar Jahre
müssen wir uns neu erfinden, beruflich und manchmal
auch privat. Und insofern ist unser Smartphone, wenn wir
uns damit vernetzen, etwas posten, kommentieren, liken,
mit Herzchen und Daumen versehen, *das* Werkzeug für
diese Suchbewegung nach uns selbst. Gerhard Schulze,
ebenfalls Soziologe, überträgt diese Beobachtungen zur
Identitätssuche aufs große Ganze der Gesellschaft und
zeigt sich vorsichtig optimistisch: Kollektives Lernen
werde eingeübt und der Eigensinn geschult: „Das Social
Web ist eine Schule des Eigensinns, weil es die Beteiligten
zum Sprechen veranlasst", schreibt Schulze, „sie zur Verantwortung drängt und sie im begründeten Urteilen übt.
Indirekt findet man diese Auffassung im Umgang heutiger
Diktaturen mit dem Social Web bestätigt. Für Diktaturen
ist der Eigensinn der Vielen eine Gefahr, für Demokratien
ist er die zentrale Ressource."[40]

Vorsortierte Suche: Wer googelt, der findet

Wir sind also, das gehört zu unserem „Identitätsmanagement" dazu, ständig auf der Suche, weil wir ja an den

Möglichkeiten am Wegesrand wachsen wollen. Ein Mantra für uns ist: Der Weg ist das Ziel! Auch alle existenziellen Fragen sind in einer Welt, in der man vernünftigerweise nicht mehr einfach nur glauben will, weil es immer schon so war oder weil es eine religiöse Autorität behauptet, nur auf diese Weise für sich und individuell zu klären: Indem man (sich) sucht und sich auf den Weg macht. Erfahrung kommt von Fahren.

Verbunden mit Sinn-Suche, Gott-Suche, Selbst-Suche ist die *Suche* so zu einem Grundwort der individualisierten Existenz unserer Tage geworden. Nur wer selbst suchet, der *selbst* findet! Doch die Suche ist gekapert worden. Unser Identitätsmanagement ist damit auch gekapert worden. *Suche* per Handy – das bedeutet Instant-Suche. Die Suchergebnisse sind ja auch nur schockgefrostet. Vorgestanzt. Denn *Suche* – das ist in der digitalisierten Welt so gut wie gleichbedeutend mit googeln.

Wir Handy-Menschen *suchen* anders. Die Identitätssuche ist nicht mehr zwingend mit einem langen, authentischen, nur individuell zu begehenden Erfahrungsweg verknüpft, einer Heldenreise, um endlich die Prinzessin oder der Prinz zu werden und seinen Platz in der Welt zu finden. Wir Handy-Menschen können unsere *Suche* schlicht und einfach mit einer *Suchmaschine* verknüpfen und suchen *lassen*.

- *Denke dir drei Fragen, die dich interessieren. Vielleicht diese: Wo ist ein gutes Restaurant in Warschau? Wie ist die Telefonnummer des Vorzimmers des Bürgermeisters? Warum und nach wessen Leitideen wurde die Europäische Union gegründet?*
- *Versuche, Antworten zu finden, ohne das Internet zu benutzen. Wie gehst du vor?*

Suche meint dann allerdings etwas anderes. Suche bezeichnet „einen mühelosen Klick, einen Knopfdruck oder ein Zwinkern, um eine existierende Antwort zu finden, die in dem geheimen Code eines gleichgültigen Algorithmus ihr Dasein fristet", so beschreibt es die US-amerikanische Wirtschaftswissenschaftlerin Shoshana Zuboff[41]. Das, was wir per Suchmaschine finden, ist dann eben keine individuell gefundene Antwort mehr, auch wenn es so tut. Sondern nur eine, die für den Fall vorgesehen ist, dass jemand die dazu passende Frage stellt. Die berechnet wurde, weil Menschen Algorithmen so programmiert haben, dass sie solche Verknüpfungen vornehmen. Eine solche Antwort ist eigentlich nur eine mögliche unter vielen. Es gäbe vielleicht Millionen andere. Aber mit der einen online präsentierten wird jede weitere Suche beendet, bevor sie überhaupt begonnen hat. TINA lässt grüßen.

Dafür ist die Antwort möglicherweise wieder verknüpft mit weiteren Antworten, die uns Handy-Menschen vielleicht auch interessieren würden, wenn wir so ticken wie die meisten, die so ähnlich sind wie wir. Nach dem Motto: „Andere, die diese Frage gestellt haben, fragten auch nach jenem." Mit dem, was nicht ergoogelbar ist, wird überhaupt nicht mehr gerechnet, es wird vielleicht schon gar nicht mehr für wahr oder möglich gehalten. Es scheint gar nicht zu existieren.

Der US-amerikanische Philosoph Michael P. Lynch vergleicht deshalb die Googlehörigkeit mit dem Glauben: „googling is believing"[42]. Er spielt durch, was das „Google-Wissen" („google-knowledge") mit uns macht. Der superleichte und turboschnelle Zugang zu Informationen ist so überzeugend bequem, dass er uns vergessen lässt, wie abhängig er uns von fremden Meinungen, Einschätzungen und Denkwegen macht. Wir sind dann Opfer eines groben Missverständnisses. Wir sind irgendwann überzeugt, „Wissen" oder gar „Weisheit" sei identisch mit „Herunterladen von Informationen"[43]. Dann gilt nicht mehr der schöne Leitsatz René Descartes' „Ich denke, also bin ich", sondern dann gilt „Ich google, also bin ich". Aber was bin ich dann? Und: Ist das Bildung?

- *Nach welchen Mustern stellst du dich selbst dar, wenn du dich uns digital konstruierst? Was sollen „die anderen" sehen?*
- *Welche vorgegebenen Formate bestimmen dein Selbstbild?*
- *Nach welchen Hashtags sortierst du dich? Unter die Autorität welcher Keywords beugst du dich?*

Um zu klären, ob oder wann wir nun eine Verdummungsmaschine oder einen Bildungsmotor in der Handtasche tragen oder in der Hand halten, kommt es noch einmal auf die Schärfung des Blicks an: Wann ermöglichen uns das Handy und das digitale Netzwerk dahinter wirklich, uns selbst besser anzuschauen und zu verstehen – und wann tun sie nur so, ohne dass wir den Unterschied merken? Sprich: Ist und bleibt die Tiefe hinterm Display eine Instant-Tiefe – oder kann daraus mehr werden?

Kommen wir wirklich zu *uns*, indem wir uns nach den Regeln der Sozialen Medien neu entwerfen? Denn ein Profil online zu pflegen heißt ja vor allem, sich zu präsentieren – natürlich von der Schokoladenseite. Kommen wir zu *uns*, indem wir sehr viel unserer Aufmerksamkeit in die Außenwahrnehmung stecken, anstatt nach innen zu lauschen? Indem wir unseren Status pflegen, aber nicht den ganzen Menschen? Wann dienen die neuen Möglich-keiten tatsächlich unserem Wachstum, wann ermöglichen sie nur, dass wir uns größer *fühlen*? Ein Profil ist nun mal zweidimensional.

Ermöglichen die Digital-Antworten mir das, was das Leben nun mal maßgeblich ausmacht, nämlich eine echte „Erfahrung" zu machen? Wann lenken sie uns davon ab, überhaupt noch darauf zu kommen, dass eine solche Erfahrung anders aussehen könnte als das, was wir mittels Handy „erleben"? Und laufen wir Gefahr, überhaupt nicht mehr zu merken, was uns abgeht, welche Erfahrungen wir auch noch machen könnten, weil wir schon immer gleich mit der Instant-Lösung des Smartphones zufrieden sind?

Fragen über Fragen. Was, wenn das Smartphone all unsere Bedürfnisse – auch was Liebe, Freundschaften, Nachdenken, Gefühle, Wünsche, Sehnsüchte, Abenteuer, Spiele und noch vieles mehr betrifft – in digitalen Schall und Rauch auflöst, wenn aus all den vielen Möglichkeiten am Ende des Tages keine einzige *Wirklichkeit* wurde – ist dann nicht etwas schiefgelaufen?

Damit blieben wir doch sehr unter unseren Möglich-keiten.

3. Digitalisierung verleiht Flügel

Schon als das Handy noch nichts anderes war als ein Mobiltelefon, war eines klar: Es verbindet Menschen schneller, als es bis dahin möglich war. Jeder, der ein Handy bei sich trug, war fortan sofort erreichbar – und nicht erst, wenn er den Anrufbeantworter abgehört oder einen Zettel gelesen hat oder wenn es der andere ein paar Mal mehr versucht hat, bis er Erfolg hatte. Ungeheuer praktisch. Wenn etwas schneller geht, ist es gut, so haben wir es in der kapitalistisch geprägten, auf Wachstum ausgerichteten Moderne internalisiert.

Und jetzt haben wir nicht nur das Mobiltelefon, sondern das Smartphone und damit auch noch Flügel. Das ist ein alter Traum. Wir sind Totalbeschleunigte.

Wir haben nicht die Zeit: Wir *sind* sie

Dass *alles* schneller geht als früher, diese Erfahrung begegnet uns tagtäglich. Meist ist die Geschwindigkeit für jeden Einzelnen allerdings praktisch und unpraktisch zugleich, dem kapitalistischen Grundgedanken schneller-weiter-besser zum Trotz. Es ist *praktisch*, weil wir uns mit einfachen Dingen wie Absprachen, Nachfragen, Verabredungen oft nicht mehr aufhalten müssen. Es ist *unpraktisch*, weil wir aus auf den ersten Blick unerfindlichen Gründen dadurch nur in seltenen Fällen wirklich Zeit für uns gewinnen, sondern uns stattdessen gestresst fühlen. Wir können oft gar nicht genau sagen, was uns durch die ständige Beschleunigung verloren geht, merken aber: da war doch was ... Indikator dafür, dass ein Illtum vorliegen könnte, ein Irrtum, eine Verwechslung von gut und schlecht, die wir in der Praxis nicht einmal bemerken.

Dass unser Leben wirklich und nicht nur gefühlt schneller läuft als früher, lässt sich ziemlich gut beschreiben. Die Beschleunigung ist daher in den vergangenen Jahren auch eines der Lieblingsthemen der Soziologie und Philosophie gewesen, genauso auch Thema der Psychologie und Medizin. Weil Beschleunigung die Dimension Zeit betrifft, betrifft sie uns von der Wurzel unseres Daseins her, psychisch und somatisch, psychosomatisch, tatsächlich mit dem ganzen Leib.

„Zeit hat man nicht, Zeit ist man"[44], schreiben die Zeitforscher Jonas und Karlheinz Geißler. Zeit ist der Stoff, aus dem das Leben ist. Und all das macht Zeitmessen, Zeitempfinden, Zeitsparen und Zeithaben unendlich komplex, da ja dadurch dieselbe Zeitspanne von unterschiedlichen Leuten individuell unterschiedlich erlebt werden kann.

Das damit eng verbundene Krankheitsbild heißt Burnout. Wir brennen aus, wenn wir uns nicht mehr als Damen und Herren unserer Zeit fühlen, sondern fremdgehetzt. Das passiert heute leicht, weil die Beschleunigung kollektiv vonstattengeht. So verbindet sich unser persönliches Zeitempfinden auch zunehmend mit dem Gefühl, keinen Einfluss auf das Geschehen oder auf mich selbst zu haben. Wir müssen mitrennen. Oder fliegen.

Auf Flügeln: Nie wieder warten

Zunächst einmal: Mit dem Smartphone in der Hand müssen wir viel weniger warten. Nicht nur nicht mehr

darauf, bis jemand zu Hause ist, um unseren Anruf ent-
gegenzunehmen. Wir müssen nicht mehr warten, dass
der Postbote uns einen Brief bringt. Wir müssen nicht
warten, bis wir im Geschäft sind, um uns nach geeig-
neten Waren zu erkundigen oder um etwas einzukaufen.
Wir müssen nicht warten, bis wir jemanden treffen, um
zu wissen, wie es ihm geht, wo er war oder was er ge-
gessen hat, wir sehen es über diverse Plattformen. Wir
müssen nicht warten, bis wir mal einen weisen Menschen
nach Antworten gefragt haben, bis wir in die Bibliothek
kommen oder in den passenden Lexika nachschlagen
können. Mit dem Smartphone in der Hand müssen wir
nicht warten, bis wir „in der Arbeit" sind, wir haben
unsere Arbeit mit dabei. Mit dem Smartphone in der
Hand müssen wir nicht mehr warten, bis wir zu Hause
sind. Wir haben unser Zuhause, unser geistiges Gehäuse,
stets bei uns und um uns herum. Wir tragen Flügel und
sind in Sekundenschnelle bei mir und dir, managen und
organisieren ratzfatz zwischendurch.

Dass alles schneller geht als früher und dass durchs
Zeitsparen aber die Zeit nicht mehr wird, das ist eines
der großen Rätsel der vergangenen Jahrzehnte. Michael
Ende hat es schon 1973 mit dem Buch „Momo" in li-
terarische Form gebracht, viele Jahre, bevor dieses Thema
durch die Möglichkeiten der Digitalisierung so richtig
virulent wurde. Wichtige Analysen stammen von der Er-
ziehungswissenschaftlerin Marianne Gronemeyer[45], den
Philosophen Hermann Lübbe[46] und Hans Blumenberg[47],
den beiden Zeitforschern Karlheinz Geißler und seinem
Sohn Jonas[48] und dem Jenaer Soziologen Hartmut Rosa[49],
dessen Leib- und Magenthema die Beschleunigung geworden ist.

Das Handy ist nur der vorläufige Zielpunkt für alle Zeit-
sparer und hat natürlich Tausende kleine Vorläufer und
Mittäter. Wer das spätmoderne Alltagsleben einmal unter
dieser Perspektive unter die Lupe nimmt, sieht die Be-
schleuniger plötzlich überall am Werk. *Alles Espresso*[50]:
der Teebeutel, das Tempo-Taschentuch, der Reiß- und
Klettverschluss, die Fernbedienung, der Suppenwürfel,
Coffee-to-Go, solche Dinge ermöglichen in anderen Bereichen das, was wir mittels Smartphone im Feld Kommunikation und Organisation machen. Sie sind praktische
Alltagsgegenstände, die alles und jedes ein bisschen beschleunigen. Sie müssten eigentlich allesamt so heißen,
wie es das verräterische Taschentuch tut: Tempo-Tee,
Tempo-Verschluss, Tempo-Bedienung, Tempo-Suppe,
Tempo-Kaffee.

Was macht nun unser Tempo-Phone, das Smartphone?
Beliebtes eindrückliches Beispiel: Es schickt schnell eine
kleine Nachricht. Zum Beispiel eine Mail. Früher, die Alten und Mittelalten unter uns werden sich noch erinnern,
schrieb man einen Brief, steckte ihn in einen Umschlag
und dann in den Briefkasten und wartete auf Antwort.
Es brauchte seine Zeit, bis der Brief beim Empfänger war,
gelesen, bedacht und beantwortet, bis der Antwortbrief
abgesendet und ausgetragen war. Der gesamte Vorgang
dauerte ein paar Tage. Dann erst wurde an dieser Kommunikation weitergedacht.

Um einen Brief zu schreiben, brauchte man vielleicht
eine Stunde, für Brief und Antwortbrief insgesamt drei bis
fünf Tage, also für die Gesamtkommunikation vielleicht
120 Stunden. Wer heute am Smartphone eine gehaltvol-

lere E-Mail (SMS, WhatsApp-Nachricht, Tweet …) verfasst, braucht dafür längstens zehn Minuten. Die Nachricht muss nicht mal mehr getippt werden. Sie kann ins Smartphone diktiert werden. Nach zehn Minuten ist sie nicht nur fertig, sondern schon beim Empfänger (oder bei vielen Empfängern auf einmal), in Sekundenschnelle. Wo das Briefeschreiben eine Stunde gedauert hat, haben wir 50 Minuten beim Verfassen des Textes gespart. Und sollte die E-Mail in weiteren zehn Minuten beantwortet werden, haben wir 119 Stunden, 40 Minuten für die Gesamtkommunikation gespart. Wow.

Zeit übrig haben wir aber natürlich dennoch nicht. Denn natürlich schreiben wir in einer Stunde heute dafür mindestens fünf E-Mails, und weil wir wissen, dass unsere Botschaften ja sofort beim Empfänger sind, warten wir ungeduldig auf Antwort und bemühen uns im Gegenzug, auch unsere Mails schnell zu beantworten. Entsprechend gehen wir mit unseren WhatsApp-Chats, mit unserer Facebook-Timeline, den Tweets und Instagram-Bildern um.

Nun muss aber über jeden dieser Vorgänge auch im digitalen Modus wenigstens kurz nachgedacht werden, ich muss mir mein Gegenüber vor Augen rufen, den Sachverhalt, die Frage, die Formulierung. Genauso wie damals, als es noch analoge Briefe gab. Es muss nur um ein Vielfaches schneller gehen. Schon das kann stressen.

Beschleunigungszirkel: Verlorener Zeitgewinn

Jeden Zeitgewinn durch die technischen Errungenschaften, die sich etwa im Handy ansammeln, machen wir dadurch zunichte, dass wir genau diese technischen Errungenschaften in viel höherer Taktzahl nutzen. Hartmut Rosas Formel für das Zeit-Not-Paradox der Moderne: *Die Steigerungsrate liegt über der Beschleunigungsrate.* Wir machen alles viel öfter und sind dadurch Teil der Beschleunigung. Wir machen unsere Effizienz damit wieder kaputt, dass wir die Taktzahl erhöhen. Wir haben eine Waschmaschine und waschen daher täglich. Wir haben ein Handy und kommunizieren dadurch minütlich oder sekündlich. Die gewonnene Zeit wird sofort wiederverwendet, um mehr von demselben zu tun.

Durch die technische Beschleunigung haben sich neue Erwartungen herausgebildet, wie schnell etwas „in der Regel" oder „standardmäßig" zu erledigen sei. Diese Erwartungen sitzen uns im Nacken, wodurch wir uns zusätzlich beeilen, um die unbewusst erwarteten Erwartungen anderer rechtzeitig zu befriedigen. Eine Mail kann nicht bis morgen warten. Ich habe sie ja schon geöffnet, und ich weiß, dass der andere weiß, dass sie da ist. Noch deutlicher bei Messenger-Diensten, bei denen der Absender sehen kann, ob und wann die oder der andere die Nachricht gelesen hat, ob er gerade online ist oder wann er oder sie es zuletzt war, und, ja verdammt noch mal, warum antwortet der denn nicht?

- *Wie viel Zeit nimmst du dir, um auf eine Mail zu antworten? Minuten? Stunden? Tage?*
- *Wie viele E-Mails, WhatsApps etc. schreibst und liest du am Tag? Welche davon würdest du als wichtig einstufen?*
- *Wie schnell antwortest du auf eine SMS oder WhatsApp-Nachricht oder auf einen Post bei Facebook, wie schnell reagierst du mit einem Kommentar auf ein Foto bei Instagram? Variiert*

das, je nachdem, ob du eine Nachricht als „wichtig" oder „unwichtig" einstufst?

- Nach wie vielen Minuten reagierst du ungeduldig, ab welchem Zeitpunkt irritiert oder sogar sauer, wenn jemand nicht auf eine Nachricht reagiert?
- In welchen Situationen wäre es schneller und klarer gewesen, mit deinem Gegenüber zu telefonieren oder zu skypen? Oder ihn zu treffen?

Die faule Gleichung: Zeit ist Geld

Der entscheidende Motor hinter der Beschleunigung lässt sich in der Grunderzählung der kapitalistischen Moderne finden. Dieser Grundsatz lautet: Unsere Gesellschaft – wir in ihr – können uns nur erhalten, wenn wir wachsen. Stillstand ist Rückschritt (so hat schon Karl Marx den Kapitalismus beschrieben). Dazu kommt – das ist jetzt zentral: Zeit ist Geld. Weil Menschen mit ihrer Arbeitszeit „verrechenbar" sind – mit dem eigenen Wohlstand, mit dem Erfolg der Firma, mit dem Bruttosozialprodukt –, sind ökonomisch gesehen die besseren Menschen die schnelleren Menschen. Diejenigen, die mehr in derselben Zeit schaffen.

Das ist so etwas wie eine transparente Überzeugung, eine unsichtbare Maxime, die wir mit uns herumtragen und nach der wir handeln. Es handelt sich allerdings um eine faule Gleichung. Denn Zeit = Geld und Zeit = Leben verhalten sich meist indirekt proportional.

Hartmut Rosa beobachtet, dass wir Zeit auch noch in andere Währungen zu übersetzen versuchen, immer entsprechend der Steigerungslogik „mehr ist besser". Zeit ist

Bildung – mehr gelesen in weniger Zeit ist mehr Bildung. Zeit ist Reisen – mehr gereist in weniger Zeit ist mehr Welterfahrung. Zeit ist Gesundheit – mehr Gesundheitsvorsorge durch Sport in weniger Zeit ist mehr Gesundheit. Getrieben von diesem kapitalistischen Grundkonzept, dass Vermehrung aller Güter besser ist als das Gut selbst, bewegen wir uns auf diese Weise schnell und schneller durch unsere Zeit.

Und weil uns in der globalisierten und freiheitlichen Gesellschaft prinzipiell immer mehr Optionen offenstehen, als wir jemals realisieren können, laufen wir dabei all unseren Möglichkeiten zwangsläufig hinterher. Die einzige Chance, die wir sehen: die Beschleunigung des Lebenstempos. Allerdings: „Dieselben Techniken, die uns dabei helfen, Zeit zu sparen, führen zu einer Explosion der Weltoptionen. Ganz egal, wie schnell wir werden, unser Anteil an der Welt, also das Verhältnis der realisierten Optionen und der gemachten Erfahrungen zu denjenigen, die wir *verpasst* haben, wird nicht größer, sondern konstant kleiner."[51] Das Handy ist eben das Werkzeug der unbegrenzten Möglichkeiten.

Der Philosoph Hans Blumenberg formulierte es so: Wir versuchen durch allerhand Techniken und Kunstgriffe der Selbstbeschleunigung, „Zeit zu gewinnen, um mehr von der Welt zu haben"[52]. Dabei entsteht aber ein Teufelskreis, und wir wissen, es ist immer nur ein „Kompromiss" möglich, wir können die ganze Welt mit ihren Möglichkeiten nicht im Laufe unseres Lebens erfahren, und das stellt uns vor „Zerreißproben". Blumenberg: „Was man ‚das Leben' nennt, besteht aus dieser Art von Konzessionen und Arrangements."[53] Das Leben wird zur „letzten Gelegenheit"[54].

Wir versuchen darauf, mit ständigem Wandel zu reagieren. Alles muss ständig anders, natürlich besser werden. Die *technische Beschleunigung* bildet Möglichkeiten schnelleren *sozialen Wandels* heraus, so beobachtet es Hartmut Rosa, und je schneller wir uns verändern können und je mehr Möglichkeiten wir haben, etwas auszuprobieren, umso mehr beschleunigen wir das *Lebenstempo,* und weil wir das Lebenstempo beschleunigen, brauchen wir neue *technische Lösungen*, die wieder schneller sein sollen. Und so geht es immer im Kreis, Rosa nennt das „Beschleunigungszirkel"[55].

- *Wie fühlt sich das an: „Ich habe alle Zeit der Welt. Nichts geht verloren, so wie bei einer Sanduhr, wenn die Zeit verronnen ist, das Spiel von neuem beginnen kann"?*

oder

- *Wie fühlt sich das an: „Ich habe alle Möglichkeiten der Welt. Ich brauche nur Zeit. Also los!"?*

Blindflug: Multitasking

Der Beschleunigungsmotor, die faule Gleichung Zeit = Geld hat ihre Grenze längst gefunden. In der Moderne, im Industriezeitalter, ist der Wachstumsgarant Transport von Informationen „bei der Grenzgeschwindigkeit der elektromagnetischen Wellen und damit an der Steigerungsgrenze des vertakteten Zeitregimes angekommen"[56]. Irgendwann sind auch digitale Finanztransaktionen an das natürliche Ende ihrer Beschleunigung gekommen. Schneller geht nicht mehr. Dadurch kann eigentlich nicht noch mehr Gewinn in noch weniger Zeit gemacht werden – aber Wachstum muss der kapitalistischen Logik nach trotzdem noch möglich sein! Die Lösung heißt Verdichtung. Vergleichzeitigung. Auf gut Deutsch „Multitasking".

Das Smartphone verleiht uns erst so richtig Flügel, weil es ein praktisches, ortloses, multitaskingfähiges Kommunikations- und Lebensmittel ist. Das Smartphone ist *das* Multitasking-Instrument schlechthin. Wir können nicht nur jederzeit mit dem Handy mit jemandem in Kontakt treten, wir können es, während wir noch etwas anderes tun. Mit Freunden unterwegs sind. An der Kasse anstehen. Radio hören oder im Internet surfen. Wir können uns sogar selbst beobachten, wie wir auf Google-Maps durch die Welt wandern. Damit sind wir also tatsächlich abgehoben, dem gewöhnlichen Nacheinander der Ereignisse entrückt. Wir sind im Flugmodus.

Allerdings zahlen wir dafür einen hohen Preis. Den der Bewusstlosigkeit. Multitasking ist nur durch Abfeuern von Automatismen möglich. Schon klar, unser Körper erledigt einen Haufen Aufgaben gleichzeitig, kümmert sich um Blutdruck, Atmung, Verdauung, Herzschlag, Balance usw. – aber all das läuft automatisch. Schon klar, wir können, zumindest nach Jahren der Übung, auch automatisch Auto fahren, dabei automatisch einen Apfel essen und uns tatsächlich noch unterhalten. Aber wir können das nur, weil zwei dieser Tätigkeiten ablaufen, ohne dass wir ihnen gerichtete Aufmerksamkeit schenken müssen.

Der Begriff Multitasking suggeriert aber etwas anderes. Gemeint ist ja mit diesem Wort zunächst einmal, dass Betriebssysteme mehrere Arbeitsprozesse parallel ablaufen lassen können. Rechner können das. Menschen nicht. Es geht nicht.

- *Wann hast du das Gefühl, am Ende des Tages nicht zu wissen, was du denn den ganzen Tag gemacht hast?*
- *Was war während des Corona-Lockdowns anders? Was hat sich besser, was schlechter angefühlt?*
- *Wie viele Aufmerksamkeitsfenster hast du heute gleichzeitig „offen" gehabt?*
- *Welche auf den ersten Blick leeren Zeiten füllst du sofort auf – mittels Handy? U-Bahn-Fahren? Kinderwagenschieben? Aufs Nudelwasser warten?*

Offene Arbeitsfenster: Wandernde Aufmerksamkeit

Ich kann meine Aufmerksamkeit *nicht bewusst* auf zwei Sachen gleichzeitig richten.[57] Ich kann nicht zwei Gespräche gleichzeitig führen. Ich kann nicht zwei Vorträgen gleichzeitig zuhören. Wenn ich versuche zu „multitasken", dann trainiere ich mir eine Aufmerksamkeitsstörung an. In der Psychologie wird zum Beispiel das Phänomen *mind wandering* beobachtet, eine wandernde Aufmerksamkeit. Sich in Multitasking zu üben meint letztlich, ein unbewusstes, in Automatismen versinkendes Leben zu trainieren. Ein Leben ohne Aufmerksamkeiten. Ein Leben, in dem ich keine Erfahrung mache. Nichts festhalte, was bleibt. Denn Erfahrungen machen kann ich nur, wenn ich bewusst an etwas teilnehme, mit ganzem Herzen *da* bin.

Wie fühlt es sich an, im Flugmodus zu leben? Liegt vielleicht wieder eine Stoffverwechslung vor, und wir sind eigentlich zersplittert? Nicht im Hier und Jetzt, aber auch nicht woanders. Dieses Gefühl ist am Ende des Tages schal. Noch ein Preis, den wir zahlen: unsere Wirksamkeit. Dass wir etwas bewirken. Dass wir uns erleben, wie wir etwas bewirken. Im Kleinen, im Spiel mit unserem Handy, ergeben sich zwar tausend neue Möglichkeiten, von denen wir uns gerne treiben lassen. Im Großen, auf den Tag bezogen, bewirken sie Einheitsbrei und Monotonie, sie haben keinen Effekt.

Wer „beim Lernen oder Arbeiten versucht, Multitasking zu betreiben, wird dadurch ineffektiv, wie die experimentalpsychologische Grundlagenforschung schon lange nachgewiesen hat"[58], schreibt Manfred Spitzer, und das ist inzwischen breiter Konsens. Im Gehirn beschäftigt und stresst Multitasking die zentrale Steuerungsstelle, den präfrontalen Kortex, und zwar derart, dass es nicht nur zu schlechteren Arbeitsergebnissen führt, sondern auch im Verdacht steht, das Sozialverhalten zu behindern – der Kommunikationswissenschaftler Clifford Nass und der Erziehungswissenschaftler Roy Pea haben darüber gearbeitet.[59]

In der Realität werden wir natürlich selten wirklich versuchen, Dinge ebenso mechanisch und synchron wie Maschinen zu betreiben. Viel realistischer ist es, mehrere „Arbeitsfenster" gleichzeitig aufzuhaben und von einem zum nächsten zu springen. Oder „gesprungen zu werden", weil uns ein Signalton die Ankunft einer neuen Nachricht ankündigt und wir umgehend zum nächsten Gedanken oder Adressaten oder Thema wandern, weil jeder Adressat und jede Nachricht auch plötzliche Gefühlswallungen auslösen kann. Das Phänomen, dass die ganzen schönen arbeitserleichternden Apps nicht wirklich die Produktivität steigern, hat man auch in den Wirtschaftswissenschaften schon länger beobachtet, dort wird es „Produktivitätsparadoxon" genannt.[60]

Eigentlich müssten wir beschleunigten und mit smarten Flügeln ausgestatteten Menschen doch um ein Vielfaches produktiver werden – was ist bloß mit uns los? Eigentlich müsste alles reibungsloser gehen, eigentlich müsste gleichzeitig Erledigtes die Produktivität steigern. Eigentlich – so versuchen es uns immer noch manche Pandemie-Notfallpläne weiszumachen – müsste es doch dank Digitalisierung möglich sein, Homeoffice, Homeschooling, Betreuung und Familie zu verbinden – was ist denn da los, wenn es nicht klappt?

Doch leider, der Mensch ist keine Maschine. *Wir* sind aus dieser Perspektive das Problem, das wir nicht mit unserem Multitasking-Allzweck-Zaubergerät Handy lösen können. Im Gegenteil, wenn wir uns den Regeln und Mustern der multitaskingfähigen Maschine unterwerfen, werden wir immer scheitern, und das kann uns nicht zufriedenstellen – darüber werden wir später noch sprechen müssen.

Scheingeschwindigkeiten: Missverständnisse des Schnellen

Oft genug gelingt die schnelle Kommunikation auch deshalb nicht, weil sie die Dinge nur scheinbar vereinfacht. Dann wird sie in Wirklichkeit noch langsamer und auch komplizierter als das vordigitale Gespräch. Beispiel: Wir wollen zu dritt oder zu viert einen Termin finden. Einer stellt per Mail oder WhatsApp eine Frage. Es dauert einige Stunden, eventuell über Nacht, bis alle dazu gekommen sind, ihren Kalender zu checken, und eine erste Antwort geschickt haben, möglicherweise mit einem Gegenvorschlag oder einer weiteren Frage versehen. Diese müssen wieder beantwortet und bestätigt werden.

Eigentlich ist das Vorgehen ja praktisch: Jeder kann die Nachrichten lesen und antworten, wann es ihm gerade in den Kram passt. Doch auf diese Weise können Tage vergehen, bis ein Termin steht. Wenn man ein Online-Tool verwendet, fallen zwar die zusätzlichen Informationen und Gegenfragen weg, aber bis alle befriedigend geantwortet haben, kann genauso viel Zeit vergehen. Und dafür entstehen auch hier neue Frage: Warum nur kann der andere nicht, wenn ich kann?

Das Entscheidende: Bei allen Beteiligten bleibt im Hinterkopf die ganze Zeit das „Arbeitsfenster" offen – der Fall „Terminfindung" ist ja noch nicht geklärt. Wir können den Vorgang nicht abschließen, was Aufmerksamkeit absorbiert. Zusätzlich können darüber hinaus noch Missverständnisse entstehen, weil wir uns zwischen Antwort und Gegenantwort allerhand Gedanken machen, weil wir den Tonfall des Geschriebenen nicht richtig herauslesen können oder eben gerade doch einen bestimmten Tonfall herauslesen, der gar nicht intendiert war. Oder indem wir uns fragen, warum die Antwort so lang auf sich warten lässt. Wir beginnen das, was die Wiener Wirtschaftswissenschaftlerin und IT-Expertin Sarah Spiekermann „kräftezehrendes Schattenboxen mit dem Abwesenden"[61] nennt. Wir schalten unseren „Autovervollständigungsmodus" an und versuchen, die oft rudimentären digitalen Botschaften zu ergänzen, damit wir uns ein vollständiges Bild machen können. Um die Situation, die Aktion, die Kommunikation zu vervollständigen.

Was zwei oder drei Anrufe innerhalb kürzester Zeit klären könnten, zerdehnt sich auf diese Weise oft genug aufs Unerfreuliche. Es können auch sehr lahme Flügel sein, die wir Handy-Menschen haben.

Suchtpotential: Viele Dinge im Griff haben

Warum finden wir Multitasking überhaupt erstrebenswert? Warum hasten wir von Pling zu Pling? Warum freut es uns jedes Mal, wenn wir wieder auf Senden gedrückt haben? Warum erleben wir die für den Einzelnen oft genug ziemlich ineffektive Beschleunigung so beflügelnd?

Der Münsteraner Therapeut Georg Milzner meint, es habe mit dem schönen Gefühl zu tun, „viele Dinge im Griff" zu haben.[62] Das entspreche auch dem Selbstbild eines beruflich und sozial erfolgreichen Menschen. Andere, wie Manfred Spitzer oder Alexander Markowetz, verweisen darauf, dass das dabei entstehende Glücksgefühl sogar ein wesentlicher Suchtfaktor sei.

Denn die vielen kleinen Aktionen, die wir gleichzeitig mit Handy zu koordinieren versuchen, versprechen auch immer wieder Bestätigung in Form von Aufmerksamkeit oder interessanten Funden. Schließlich sind die meisten Dinge, die wir mit dem Smartphone beschleunigen können, mit Informationen und Aufmerksamkeiten verknüpft – sie haben mit Kontakten zu tun. Und weil der Mensch ein kontaktfreudiges Wesen ist, bedeutet mehr Kontakte, egal ob zu realen Menschen oder zu digitalen Marktplätzen oder zur Bühne der großen Weltpolitik, in Sekundenschnelle erreichbar, automatisch mehr Glück – oder? Darauf kommen wir später zurück.

Mit dem Smartphone beschleunigen wir nicht nur, wir meinen nicht nur, viele Dinge gleichzeitig in der Hand zu haben, sondern – und das ist wieder bestechend neu – wir haben auch unsere *Zeit* insgesamt in der Hand! Und damit haben wir auch irgendwie uns *selbst* auf neue Weise in der Hand, weil Zeit ja, wie schon gesehen, ein ganz besonderer Stoff ist. Uns sind nicht nur Flügel verliehen worden. Wir haben auch einen neuen Uhr-Instinkt.

4. Der Uhr-Instinkt

Zu unseren smarten Flügeln gehört das Gefühl, die eigene Zeit auf neue Weise selbst in die Hände nehmen zu können. Das ist der positive Ausgleich dafür, dass wir uns Beschleunigte oft als Getriebene erleben. Das Zuckerl. Auch deswegen macht es Spaß, auf den neuen Flügeln der Beschleunigung der Uhr enthoben durchs Leben zu sausen und viele Dinge gleichzeitig „im Griff" zu haben.

Wir erleben nicht nur die Beschleunigung und Verdichtung. Wir erleben durch das Smartphone einen markanten Wechsel der Zeitkultur insgesamt. Den markantesten seit ungefähr 600 Jahren. Damals hatte die Sonnenuhr ausgedient, weil die Räderuhr erfunden wurde. Und das Leben nach den Rhythmen der Natur verlor damit nach und nach ihre Alltagsbedeutung.

Zunächst müssen wir ein Kontrastmittel spritzen, um das Neue deutlicher empfinden zu können. Wie hat sich die Zeit früher angefühlt, damals, als es noch kein Handy gab? Und wie hat sich wohl die Zeit noch viel früher angefühlt, als es auch noch nicht mal eine Uhr gab? Wir kennen natürlich all diese früheren Zeitempfindungen auch, denn wir sind bis heute in allen drei Zeitzonen gleichzeitig zu Hause: in der Naturzeit, der Uhrzeit und der Handyzeit.[63]

Polaritäten: Der Rhythmus der Naturzeit

Als noch niemand auch nur im Entferntesten davon träumte, dass es eines Tages Apps geben würde, die einem sagen, was zu tun und was zu lassen ist und wann es gut wäre, das Smartphone auszuschalten, aufzustehen und ein paar Schritte zu gehen, vor vielen Jahrhunderten und natürlich überhaupt die längste Zeit lebten die Menschen in der *Naturzeit*, erfahrbar im Rhythmus von Tag und Nacht, Frühling, Sommer, Herbst und Winter. Sie erlebten die Zeit in Polaritäten, unterteilt in wach oder müde, früh oder spät, jung oder alt, tot oder lebendig.

Damals war es nicht die Uhr, die den Menschen mit ihrem Stunden-, Minuten- und Sekundenraster angezeigt hat, dass es Zeit wäre, etwas zu tun. Damals hat es der eigene Körper mit seinen Bedürfnissen angezeigt. Oder es waren die Mitmenschen mit ihren Bedürfnissen. Oder es war die natürliche Lebenswelt, die verschiedene Bedürfnisse im Menschen weckte.

Das ist auf der einen Seite schon lange Geschichte, aber es ist zugleich auch noch Gegenwart. Denn logischerweise leben auch wir immer noch mit einem Körper, in einer Gesellschaft und in der natürlichen Lebenswelt. Und falls wir den Körper oder die uns umgebende Umwelt über einen längeren Zeitraum völlig ignorieren, wird das nicht gutgehen, und wir brauchen eine „Auszeit".

Die Maßeinheit dieser uhr- und handylosen Naturzeit ist der Rhythmus. Der Rhythmus ist etwas Lebendiges, nie etwas Exaktes, immer nur etwas Ähnliches. Kein Herzschlag ist dem nächsten völlig identisch, keine Nacht ist exakt dieselbe wie die darauffolgende. An jedem Tag des Jahreslaufs zeigt die Sonnenuhr die Stunde in etwas anderer Länge an. Jedes Jahr kommt der Sommer, aber immer ist er etwas anders.

Jahrtausendelang haben die Menschen im Rhythmus der Naturzeit gelebt und sich darin erfahren. Die eigene

Lebenszeit wird dadurch, wie Hans Blumenberg es nannte, Teil der dem eigenen Leben immer vorausliegenden und es umfangenden „Weltzeit".

Einteilungen: Der Takt der Uhrzeit

Als vor gut 600 Jahren die Räderuhr und mit ihr die Uhrzeit erfunden wurde, wurde der Takt bestimmend und hat das Leben in den Zyklen der Rhythmen abgelöst. Der unbestechliche, gleichförmige Takt der Sekunden ist etwas grundlegend anderes als jeder Rhythmus. Die Grundvereinbarung ist seither, dass Zeit exakt einteilbar ist und dabei messbar wird.

Eigentlich „misst" die Uhr gar nicht die Zeit. Sie simuliert die Erdrotation und abstrahiert sie, so dass wir rund um den Globus völlig unabhängig von unseren persönlichen Zeitempfindungen und individuell erfahrbaren Rhythmen auf einer einzigen kollektiven Ebene verlässliche Verabredungen treffen und pünktlich miteinander sprechen und verhandeln können. „Uhren sind von Menschen konstruierte Maschinen, die inhaltsleere Zeigerverläufe in substanzlose Zeitangaben transferieren."[64] So der Kommentar der beiden Zeitforscher Geißler.

Die Erfindung der Uhr war mindestens so einschneidend wie die des Buchdrucks. Das wird aber selten so deutlich betont. Wahrscheinlich, weil wir die Zeit, den Stoff, aus dem unser Leben ist, so schlecht von uns abstrahieren können und ganz und gar verschmolzen sind mit dem Zeitempfinden.

Die Erfindung der Uhr brachte enormen Freiheitsgewinn mit sich, deswegen waren sie und ihr Takt bald auf der ganzen Welt plausibel. Die Uhr löste das alltägliche Leben, die Kommunikation, Transport, Verkehr und vor allem die Produktion von Gütern von nicht steuerbaren Natureinflüssen und individuellen Befindlichkeiten. Die Uhr ist damit auch die Grundlage für die Industrialisierung mit ihrer Rund-um-die-Uhr-Produktion.

Sie hat zu unzähligen neuen kollektiven Vereinbarungen geführt, was man wann tut und wie lange etwas dauern darf. Seit dem Erfolgszug der Uhrzeit gehen viele nicht zu Bett, wenn sie müde sind, sondern wenn „es Zeit" ist, sagen wir zum Beispiel um 22 Uhr 30. Wir stehen auch nicht auf, wenn wir aufwachen oder es hell wird oder der Hahn kräht, sondern wann uns die Uhr auffordert und der Wecker piepst, damit wir die kollektiv vereinbarten Schul- und Arbeitszeiten einhalten, sagen wir um 6 Uhr 15. Wir müssen auch genau dann produktiv sein, wenn Schule oder Schicht laut Stundenplan beginnen, nicht wenn wir uns wach, fit und kompetent fühlen.

In der Logik der Uhrzeit beginnt der Sommer auch nicht mit der ersten großen Hitze, sondern (meist) am 21. Juni, zur Sommersonnenwende. „Die Uhrzeit macht alle Tage gleich lang, die Naturzeit macht sie unterschiedlich breit. Um festzustellen, dass die Tage gleich lang sind, braucht es die Uhr. Um die Erfahrung zu machen, dass sie unterschiedlich breit sind, braucht man die Distanz zur Uhr und die Nähe zum eigenen Gefühl."[65]

Meistens wird uns erst bewusst, dass die Uhr nicht die Zeit „ist", sondern nur „vorgibt", wenn unser Bio-Rhythmus dem Taktschlag der Uhr nicht gerecht geworden ist, wenn man „zu spät" ist, wenn man zu müde ist, wenn man nicht mehr „funktioniert", wenn im dunklen Winter die Uhr so gar nicht mit unserem Tagesempfinden übereinstimmen will, wenn wir von Sommer- in Winterzeit schalten oder umgekehrt.

Aber nicht nur Sommer- und Winterzeit können bald Geschichte sein, die Beschreibung unserer Zeit durch das Nebeneinander dieser beiden Zeitformen Rhythmus und Takt ist selbst schon wieder überholt. Denn mit dem Handy haben wir eine Synthese aus beidem in der Hand. Das Smartphone hat die Uhr und ihren auch mitunter als gnadenlos empfundenen Takt an vielen Stellen abgelöst und uns die Zeit in die eigene Hand gegeben, ohne dass wir dabei auf die Vorteile der allgemein verabredeten Zeitmessung der Uhrzeit verzichten müssten.

Handyzeit: Immer auf dem Punkt statt pünktlich

Die Handyzeit ist kein Zurück zur Naturzeit, wie sie früher lebensbestimmend war. Es waren ja früher vor allem die kollektiv erlebten Naturereignisse, an denen die Menschen ihr Leben – ihre Zeit – ausrichteten: Tag und Nacht, Sommer und Winter, früh und spät. Die Handyzeit berücksichtigt eher die innere Lebensuhr und individuelle Bedürfnisse, die *subjektiv erlebte* Naturzeit – und verbindet sie mit dem Takt der Uhr.

Wir sind eine Stufe weitergeschritten. Wir haben uns noch mehr von dem Rhythmus der Naturzeit entfernt, entziehen uns aber auch mehr und mehr dem kollektiven Takt der Uhrzeit. Wir haben unsere Zeit vereinzelt. Umgekehrt haben wir nur vereinzelt Zeit. Denn es ist nicht leicht, sich zu koordinieren, wenn viele Menschen mit ihren individuellen Zeiten gleichzeitig ihren Tag managen wollen.

- *Hast du das Zutrauen: Du bist genau zur richtigen Zeit am richtigen Ort und tust genau das Richtige?*
- *Benutzt du eine App, die deinen Körper überprüft?*
- *Rufst du an oder schreibst du, sobald du am verabredeten Ort angekommen bist, den anderen aber nicht siehst? Oder schaust du erst um die Ecke?*

Das Gefühl, die Zeit in den Händen zu haben, ist machtvoll. Wir können nun wieder neu flexibel sein, ohne unexakt werden zu müssen. Wir können uns zum Beispiel auf Zuruf verabreden, ohne eine genaue Uhrzeit ausmachen zu müssen. Wir können auch zufällig sehen, wann der andere in der Nähe ist, und neue, spontane Begegnung ermöglichen. Wir können unseren Arbeitsalltag flexibel gestalten, Stichwort Gleitzeit oder Home-Office.

Es ist etwas Neues, Individualisiertes entstanden. Die Zeit in unseren Handy-Händen, sie macht uns selbst flexibel, flüssig, gestaltbar. Sie bringt auf der einen Seite Lebensgefühl und Diktat der Uhr auf neuartige Weise zusammen. Aber andererseits entfremdet uns diese neue Handyzeit von beidem weiter: von der Weltzeit und der Uhrzeit. Sie wird zur Ich-Zeit. Wir müssen unsere Zeit deshalb ständig neu organisieren. Und das bringt wieder neuen Stress mit sich.

Die Zeitforscher Jonas und Karlheinz Geißler sagen dazu, wir müssen nicht mehr pünktlich, dafür aber immer „auf dem Punkt" sein.[66] Sprich: Immer bereit, die eigene Zeit zu optimieren und auf die optimale Zeiteinteilung eines anderen reagieren zu können. Wir erleben daher nicht nur die Naturzeit und die Uhrzeit, sondern, darin aufgehoben, als Drittes die Zeit als *Individualzeit*.

Dieser Freiheitsgewinn braucht, nachdem sich ja nicht alles spontan fügt, erhöhtes Abstimmungsverhalten der vielen Individualzeiten untereinander. Mit dem Handy in der Hand sind wir zum Arbeiten und Kommunizieren nicht mehr orts- und nicht mehr zeitgebunden, wir sind „flexibel". Aber weil wir damit auch viele neue Möglichkeiten der besseren Ausnutzung unserer Tageszeit verbinden, geht auch dieser Effekt schnell wieder flöten, zumindest, wenn wir nicht aufpassen. Und in der zunehmend digital vernetzten smarten Arbeitswelt wird auch unser Arbeitgeber versuchen, genau diese Flexibilität immer intensiver auszunutzen – das gilt nicht nur für Pizzaboten, die durch GPS gesteuert noch schneller noch besser an den Start gebracht werden können.

Und so erklärt sich auch, dass vieles vom Zeitgewinn, den diese neue Flexibilisierung der Zeit mit sich bringt, von einer neuen Zeit-Organisations-Zeit, die es zur Koordination der vielen Individualzeiten braucht, wieder eingesaugt wird. Die Zeit nämlich, die es braucht, um zu organisieren, wer in einem Familien- und Freundesverbund sowie der Arbeitswelt wann und wie lange wo ist, mit wem man sich wann wo treffen könnte, wenn die gesellschaftlich erlebten oder verabredeten Zeiträume beiderlei Zeiten, der Naturzeit wie der Uhrzeit, verschwinden. Es wird nicht einfacher.

- *Wie viel Zeit in der Woche verbringst du mit „Arbeiten", also mit „Wertschöpfung" – echtem Produktivsein?*
- *Wie viel Zeit in der Woche verbringst du darüber hinaus mit Beschäftigtsein?*
- *Und wann hast du das Gefühl, Zeit zu haben? Was machst du dann?*

Das Handy ist noch aus einem zweiten Grund ein sehr trügerisches Hilfsmittel, um Zeitsouveränität zu gewinnen. Wirklich souverän sind wir, wenn wir es selbst in der Hand haben, ganz *da* zu sein. Das *Jetzt* stimmig zu erleben. Flexibel auf die Zeitanforderungen des Tages reagieren zu können.

Wir lassen uns die neugewonnene Hoheit über unsere Zeit aber wieder abnehmen. Und zwar genau von dem Werkzeug, das uns die Flexibilität erst ermöglicht hat. Vom Handy selbst. Wir wischen mit unserem Wisch-Welt-Daumen (der kommt später ausführlich dran) unsere Zeitsouveränität weg. Wir wischen unseren Partner, unsere Kinder, unsere Freunde, unsere Anwesenheit zur Seite, weil das Smartphone ruft. Wir wischen das Abendessen zur Seite, die Kollegen in der Arbeit, die Gesprächsrunde, den Autoverkehr, die Verkäuferin im Laden, wenn das Handy ruft. Wir wischen *uns* weg.

Wenn es piepst, klingelt oder vibriert, können nur die wenigsten sich beherrschen. Es ist, als würden wir von einer Autorität bei unserem Namen gerufen. Oder wenn wir das Handy eher als Auge in die digitale Welt hinein begreifen, dann ist uns etwas ins Auge gesprungen, auf das wir reflexhaft reagieren müssen. Es befällt uns ein innerer Zwang. Und fort ist die Zeitsouveränität.

Alles, was wir tun, alles, worüber wir gerade nachdenken, spielt keine Rolle mehr und wir vergessen Raum und Zeit. Ganz kurz nur, aber es reicht, damit wir uns „herausgerissen" fühlen. Über diesen unbedingten Aufforderungscharakter des Smartphones haben sich in den vergangenen Jahren viele Gedanken gemacht, und es

existieren viele Theorien dazu. Eine grundsätzliche Feld-
studie hat Alexander Markowetz an der Universität Bonn
durchgeführt, indem er eine App entwickelt hat, die den
Gebrauch des Handys dokumentiert. Insgesamt haben
400.000 Menschen mitgemacht. Die Auswertung (schon
im Jahr 2014) ergab: Durchschnittlich 88 Mal am Tag
schaltet man den Bildschirm des Smartphones ein. 35 Mal
informiert man sich nur über die Uhrzeit oder darüber,
ob eine Nachricht eingegangen ist, Markowetz nennt das
eine „geringfügige Unterbrechung". Die restlichen 53
Male aber „entsperren wir tatsächlich das Handy, um mit
ihm zu interagieren, also E-Mails zu schreiben, Apps zu
benutzen oder zu surfen". Wenn man nun davon ausgeht,
dass wir in der Regel 16 Stunden pro Tag wach sind, „unterbrechen wir also alle 18 Minuten die Tätigkeit, mit der
wir gerade beschäftigt sind, um uns mit dem Smartphone
zu befassen". Ein Viertel der Probanden schaut sogar
alle 14 Minuten darauf.[67] Eine Studie des Smartphone-
Herstellers Nokia ergab offenbar, dass junge Menschen
sogar noch öfter, nämlich im Schnitt 150 Mal täglich, auf
ihr Smartphone schauen,[68] also sogar rund doppelt so oft,
alle 6,5 Minuten.

Verspielt: Das Glück des Fließens

Glücklich sind Menschen dann, wenn sie in etwas vertieft sind. Wenn dabei die Fähigkeiten der Aufgabe ent-
sprechen. Wenn wir ganz bei uns sind. Wir spüren es am
ganzen Leib. Der Psychologe mit dem unaussprechlichen
Namen Mihály Csíkszentmihályi hat schon vor Jahren
einen Begriff für ein solches vertieftes und zufriedenes, ja

glückliches Empfinden geprägt, der mittlerweile geläufig ist: Flow.

Nun ist es so, das haben wiederum Folgestudien von Tom DeMarco und Timothy Lister ergeben, dass wir in der Regel rund 15 Minuten ungestörtes, konzentriertes Arbeiten oder Erleben brauchen, um in einen solchen Flow-Zustand überhaupt erst hereinzukommen.[69] Doch wenn es ständig piepst, kommt es gar nicht erst dazu oder wir bleiben nicht lange im Flow. Wir wären dann nach der noch freundlichen Rechnung von Alexander Markowetz im besten Fall drei Minuten im Modus des stimmigen Erlebens, bevor wir wieder unterbrochen werden bzw. uns unterbrechen lassen.

- *Wann warst du das letzte Mal so richtig vertieft?*
- *In was vertiefst du dich gerne – unabhängig vom Handy?*
- *Was brauchst du zum „Abschalten"?*

Warum wirken die Signale des Handys dann trotzdem so unglaublich attraktiv? Wenn wir doch dadurch zugleich die Chance aufgeben, ganz bei uns zu sein? Das meiste, was wir sehen, wenn wir dann am Smartphone sind, ist doch Werbung, sind irrelevante Nachrichten oder schlicht und einfach Müll, anderes hätte locker noch eine Stunde oder länger warten können.

Manche Psychologen meinen, es liege an unserem Jagdinstinkt. Denn das Besondere an dem, was wir aufs Smartphone gespült bekommen, ist: Es ist nicht immer etwas Wichtiges dabei, aber *manchmal*. Das ist bedeutsam. Denn genau das macht es für uns so spannend. Und es bleibt immer spannend.

Manchmal bringt der Fund ein gutes Gefühl, für mich selbst oder meine Familie oder meine Arbeit, manchmal ist es sogar wichtig, schnell zuschlagen oder reagieren zu können. Dass nicht immer, sondern nur manchmal eine Belohnung für unsere Neugierde wartet, genau das steigert unser Bedürfnis zu reagieren, ins Unermessliche.

Wunschmaschinen: Der Jagdinstinkt

Der Psychologe Nir Eyal bezeichnet daher Apps, die dieses Bedürfnis bedienen, als *desire engines*. Die Sozialen Medien funktionieren so. Auch Medienportale haben solche Mechanismen eingebaut. In regelmäßigen Abständen wird der Newsfeed bei Facebook aktualisiert. Auf Nachrichtenseiten ploppt etwas Neues auf. Instagram oder Tinder bieten uns immer wieder eine neue Auswahl an Bildern an. Könnte doch was dabei sein …

Nir Eyal unterscheidet drei Arten von Belohnungen, die offenbar tief in uns etwas auslösen: Belohnungen für den ganzen „Stamm", Belohnungen der „Jagd" und Belohnungen für einen jeden „selbst". Im ersten Fall fühlen wir uns zugehörig oder bestätigt, im zweiten Fall haben wir ein Schnäppchen gemacht und freuen uns und im dritten Fall fühlen wir uns bestätigt, weil wir eine Aufgabe gelöst haben oder Dinge im Griff haben.

Wir können uns offenbar kaum gegen diese Mechanismen wehren oder brauchen, wenn wir es tun, eine gehörige Portion Energie dazu. Wenn dann noch unsere schon beschriebenen großartigen Gefühle der Allpräsenz und des schnellen, ungebremsten, freien Unterwegsseins in Zeit und Raum bedient werden, kann man doch mal schnell wischen und schauen. Oder?

Der Effekt kann verheerend sein. Durch das kleine Glück verlieren wir unsere Präsenz und verspielen das große. Schon eine Pause ist keine echt erholsame Pause mehr, wenn sie zwei oder drei Mal durch den Kontrollblick aufs Handy unterbrochen wird. Sehr eindrücklich erfahrbar wird dieses Herausgerissenwerden im Urlaub. Die Erholung und das Abschalten sind schnell dahin oder werden zumindest geschmälert, wenn wir jeden Tag „nur mal schnell" die Mails checken. „Der Erholungswert des ganzen Urlaubs verpufft."[70]

Wir müssen also eher sagen: Wir *hätten* die Zeit in Händen. Wir *könnten* mit den Organisationsmöglichkeiten des Smartphones in der Hand präsenter sein, wenn wir sie bewusst einsetzen und einschränken. Aber wir sind stattdessen ständig dabei, die Gegenwart und unsere direkten Gegenüber zu entwerten, weil wir sie nachordnen. Weil wir dem Handyruf hörig sind.

Werch ein Illtum, zu glauben, es sei automatisch so, dass das Handy uns in die Zeitfreiheit entlässt. Im nächsten Augenblick schon lassen wir uns unsere neugewonnene Freiheit wieder rauben, pling! Und manchmal ist die Voraussetzung dafür, die Zeit in den Händen zu haben, vielleicht, das Smartphone wirklich mindestens auf *Flugmodus* zu stellen.

5. Weltvergesslichkeit

Wenn die PIN eingegeben ist und das Handy erwacht, ermöglicht es uns den direkten Zugang zu einer taghellen Welt. Das mit einem Übermaß an blauen Strahlen versehene Licht macht auch uns User wach, mehr als wir wollen.[71] Weswegen es jetzt ja auch die Möglichkeit gibt, die blauen Strahlen zu reduzieren. Macht aber keiner. Sieht seltsam aus, wenn das Smartphone nicht taghell strahlt.

Wir sind sowieso lieber wach. Das entspricht der digitalen Welt mehr, in die wir mit unserem multifunktionalen Weltauge gelangen. In dieser anderen, digitalen Gegenwelt (oder ist es eine Mitwelt oder ist es der Welthintergrund, Weltinnenraum oder zerfällt der noch weiter in anklickbare Unterwelten) ist es immer hell. Dort gibt es keinen Tag und keine Nacht, keinen Morgen und Abend, keinen Frühling, Sommer, Herbst und Winter, auch wenn Google oder Amazon ihre Suchfenster mit jahreszeitlichen Details wie Kürbissen, Schneeflocken oder Sonnenstrahlen und Schmetterlingen schmücken.

Dort, im digitalen Jenseits, scheint immer ein Licht, das allerdings nicht wie das Sonnenlicht ist, das alles, was ist, erst in der Reflexion zum Leuchten bringt. Sondern es handelt sich um ein Licht, durch das alles von innen heraus zu leuchten scheint. Alles ist immer sehr, sehr bunt.

Diese Welt ist immer *on*. Und in ihren Chatrooms ist immer jemand wach. Diese Welt ist jenseits von Raum und Zeit, die wir im analogen Sein erleben und beleben und in der es Licht und Schatten gibt.

Die digitale Welt ist einfach immer da, 24/7 wird das gern genannt. Du und ich, wir sind diejenigen, die uns entscheiden, wann wir eintreten oder wieder verschwinden, die immerhelle Welt bleibt ewig *on*. Wir sind flüchtig, die digitale Welt ist Allgegenwart. Und: Seit Corona ist uns das ja wieder schmerzhaft ins Bewusstsein gekommen. Während die analoge Welt lebensgefährlich sein kann, ist die digitale aseptisch. Die Viren, die dort lauern, sind zwar auch ärgerlich, aber gehen uns nicht unter die Haut.

Wir wissen auch: Sogar wenn wir das Handy tatsächlich einmal ausschalten sollten, sogar wenn wir einmal keinen Empfang haben sollten, *dort*, im digitalen Raum der Anderswelt, bleibt es immer hell. Eine echte Konstante. Das erscheint uns zunächst einmal als ungeheure Beruhigung. Selbst wenn es regnet, stürmt oder schneit, es gibt einen ewig-ruhigen-sicheren Raum aus Licht und Pixeln.

Dort herrscht eine verlässliche Konstanz. Ein Immer. Eine Sicherheit, die wir so von der analogen Welt nicht kennen. Oder die wir, wenn wir sie dort erlebten, möglicherweise als tödliche Langeweile erfahren würden. Was nicht heißt, dass dort, in der digitalen Helle, immer alles gleich ist, natürlich nicht. Nichts ist dort fest, alles ist flüssig, und wer weiß, ob morgen auf derselben Homepage oder derselben Website noch dasselbe zu lesen sein wird wie heute. Wer aus der digitalen Welt zitieren will, muss aus diesem Grund auch noch das Abrufdatum angeben.

Aber dennoch: Wer einmal begriffen hat, wie man in der ewig hellen Digiwelt navigieren muss, der hat eine bestechende Verlässlichkeit allzeit bei sich in seiner Tasche, nämlich dort auf alle Fälle *immer* navigieren zu *können*. Bei vorhandenen mobilen Daten.

Das Erstaunliche ist, dass dieses Gefühl der Weltverlässlichkeit so wohltuend klar und hell erscheint, dass einem die analoge Welt (also *die* Welt) im Vergleich dazu beinah weniger attraktiv ist. In der analogen Welt wird es dunkel, wenn man es nicht brauchen kann. Dort sind die Wege manchmal weiter, als man gehen mag. Und wer weiß, was am Wege lauert.

Ortlos: Alles in Reichweite

Diese dauerhelle, Tag und Nacht transzendierende Gegenwelt, die wir über das Smartphone betreten, ist nicht nur zeitlos, sondern auch ortlos. Alles ist gleich weit weg. Und für jeden gleichermaßen erreichbar. Zumindest prinzipiell. Manches muss ich vielleicht erst über Umwege suchen, aber wenn ich einmal die richtige URL gefunden habe, dann bin ich schon da. Märchenhaft.

Und wenn wir jetzt noch dazunehmen, dass die meisten Seiten, die wir besuchen, ja nicht nur zum Spazierengehen da sind, sondern zum Konsumieren – angefangen vom Einkaufen über das Sich-Informieren bis zu kulturellem Konsum bei YouTube, Netflix, Amazon oder diversen Mediatheken –, dann ist ein unendlicher Tisch gedeckt, allzeit in Reichweite.

Auch das, was uns die Facebook-Timeline anbietet, oder das, auf was uns Instagram aufmerksam macht, ist im Grunde Aufforderung zum Konsum. Schau oder wisch weg! Lach oder weine! Like oder Shit! Alles ist gleichzeitig da – wartend. Millionen Filme. Millionen Songs. Millionen Nachrichten. Millionen Informationen. Es schlummert dauerpräsent. Wieder märchenhaft.

Die Menschen haben über Jahrhunderte daran gearbeitet, Zeit und Raum auf dieser Erde – der analogen Welt – zu strukturieren und zu vereinfachen, bis sie zumindest gefühlt beherrschbar waren. Damit sind sie aber schließlich mehr oder minder ganz aus dem Bewusstsein „verschwunden". Marianne Gronemeyer erzählt die Kulturgeschichte der Moderne ähnlich wie Hans Blumenberg unter diesem Aspekt. Es war, so ihre Beobachtung, die Angst vor der Vergänglichkeit, die Menschen dazu gebracht hat, Raum und Zeit komplett beherrschbar machen zu wollen.

Ein Mittel, gegen die eigene Vergänglichkeit anzugehen, ist, wie wir schon gesehen haben, die Beschleunigung. Durch die Beschleunigung des Lebens schwindet aber nicht nur die Zeit, in der wir bewusst präsent sind, sondern auch der Raum. Zur Weltverlässlichkeit (immer hell, immer da, immer verfügbar) kommt eine Weltvergesslichkeit (wo bin ich eigentlich gerade?).

Trost und Sicherheit: Rasender Stillstand

Das passierte schon vor der Handynutzung im analogen Leben. Nehmen wir das Beispiel von Hochgeschwindigkeitstransportmitteln, Flugzeug, ICE oder Auto. Wenn ich schnell unterwegs bin, wird der Zwischenraum überflogen, zieht ungesehen vorbei, wird am Rande der Autobahn irrelevant. Er ist für uns Reisende eigentlich nicht existent. Der Effekt ist allerdings wiederum, dass oft genug, wenn wir angekommen sind, der jeweilige Ort auch nicht das besonders Interessante ist. Wer viel in Hochgeschwindigkeit reist, kommt nicht selten mit dem Satz im Gepäck zurück: Woanders ist es auch nicht anders als zu Hause.

Die Welt „verschwindet". Sie wird belanglos, in dem Maße sie verfügbar wurde. Der französische Denker Paul Virilio hat dieses Lebensgefühl „rasenden Stillstand" genannt.[72]

Und nun haben wir auch noch ein digitales Abbild der Welt in der Tasche, das natürlich unter einer gewissen Perspektive viel mehr als ein Abbild ist, weil es vollgefüllt ist mit unseren Wünschen, Gedanken, Verbindungen und Verknüpfungen, mit Verlinkungen, Adressen, Tipps und Bewertungen. Raum und Zeit scheinen dort total überwunden zu sein. Nur die User, *wir*, durchwandern diese Räume mit *unserer* Zeit. Und wir durchwandern das World Wide Web, ohne uns leibhaft bewegen zu müssen. Wir leben im rasenden Stillstand.

- *Wo bist du, wenn du schnell mal eine Nachricht schreibst?*
- *Wann hat dich das letzte Mal eine richtig tolle, beglückende Nachricht erreicht? Wo warst du da?*
- *Richtest du dir automatische Antworten ein, wenn du übers Wochenende wegfährst?*
- *Googelst du auch im Urlaub nach Sehenswürdigkeiten?*

Diese immerhelle und immererreichbare Welt hat auf der einen Seite etwas ungeheuer Tröstliches. Etwas, was wir in der analogen Welt mehr und mehr missen, seit das „Ende der Welt, wie wir sie kannten" ausgerufen ist[73] und wir uns frustriert auf einen kollektiv verursachten Zusammenbruch der Biosphäre vorbereiten. Die Welt ist uns sehr ungewiss geworden, da braucht es nicht mal die Mahnung der Virologen.

Nur die immerwachhellbunte Welt, *sie* ist konstant, ewig, leuchtend – und immer von überall aus in Sekundenschnelle erreichbar. Alles verfügbar. Ein gutes Gefühl.

Verloren: Die bessere Welt

Das immerhelle Weltdouble stellt die Welt im Hier und Jetzt dauerhaft in den Schatten. „Die weltgetreue Nachbildung der Welt hat auch die Funktion, den *Untergang* der realen Welt, des Originals, *verschmerzbar* zu machen"[74], schreibt Marianne Gronemeyer in einer Analyse, die das Internet oder gar die Smartphones noch gar nicht kannte, sondern sich auf Film und Fernsehen bezog. Die „wirkliche Welt … ist in Auflösung begriffen, sie wird dekomponiert zum Rohstoff für suggestive synthetische Bildwelten, die als angeblich *weltgetreue Nachbildungen der Welt*, als Weltdouble, einen angemessenen und zufriedenstellenden hochbeschleunigten Weltersatz abgeben sollen"[75]. Moment – was hat uns gerade das Leben mit Corona vermittelt? Und mit welcher Philosophie versuchen wir uns gerade einzureden, dass Lernen auch ohne Präsenz im Klassenraum geht – und der soziale Kontakt nicht leidet, wenn man sich per Video-Call trifft? Und dank virtueller Möglichkeiten der Urlaub auch im Homeoffice ertragbar ist, vom Sessel aus?

- *Prüfst du Speisekarten am Handy, bevor du dich für ein Lokal entscheidest?*
- *Was ist besser? Venedig in echt oder Venedig auf dem Smartphone?*

- *Welche Infos über einen Ort, eine Straße, eine Sache kannst du nur auf dem Smartphone erhalten? Und umgekehrt …?*
- *Wie witzig ist eine Stunde Skypen wirklich?*

Nicht nur der Zerfall der Naturräume, nicht nur die Zunahme der Krisenphänomene wie die Corona-Pandemie und der Anzeichen des Klimawandels können auf diese Weise kompensiert werden. Mehr noch: In der immerhellen Leuchtwelt sind *alle* Regeln von Zeit und Raum virtuell aufhebbar. Sogar Tote können dort weiterexistieren – ihre Homepages und Accounts zumindest, und ohne Passwörter haben die Erben oft wenig Handhabe, deren digitales Leben auf Instagram oder Facebook zu beerdigen.[76] Und sogar der umgekehrte Weg ist möglich: Die Verstorbenen könnten möglicherweise schon bald als Avatare zum Trost der Hinterbliebenen neu erzeugt werden.[77] Ein Vorgeschmack der Ewigkeit im Virtuellen. Auferstehung 2.0. Dauernd Jetzt.

Könnte sein, dass das genau die Faszination ist, die wir spüren, wenn wir in der digitalen Welt des ewighellen Raums agieren, und unsere Verbindung dorthin wird bald noch übertroffen werden durch die Möglichkeiten der virtuellen Welten, in denen wir mit Datenbrillen unterwegs sind.

Was passiert, wenn wir uns an die tagtägliche Entwertung der analogen Welt und des analogen Lebens im Hier und Jetzt gewöhnen? Im analogen Diesseits geht nach wie vor nichts auf Mausklick. Dort sind die Straßen nach wie vor nicht zoombar. Und wenn es dunkel wird, wird es dunkel, wenn es kalt wird, wird es kalt, und manchmal regnet es sogar. Unter dem Aspekt der Verfügbarkeit, Erreichbarkeit, Sichtbarkeit kann alles Analoge den direkten Vergleich immer nur verlieren.

Und in dem Maße, wie wir uns in der allzeitgleichen ewigen Lichtwelt bewegen, gewöhnen wir uns an deren Leuchtkraft und sind manchmal fast schon enttäuscht über die nicht ganz so strahlende Realität. Stehen wir am Ende einer langen Entwicklung, bei der die Verfügbarmachung der Welt zugleich ihr Verschwinden bedeutet?

„Aus der Sorge, dass die Gegenwart armselig, dürftig, karg und ungenügend ist, entsteht der Anspruch, zu guter Letzt die ganze Welt mit ihren Möglichkeiten jederzeit und überall verfügbar zu haben, um mit ihr das unzulängliche Hier und Jetzt aufzubessern", so Marianne Gronemeyer. Das Hier und Jetzt wird „dadurch doppelt negiert. In dem, was es ist, wird es für schäbig und belanglos gehalten, aber auch in dem, wozu es unter Hinzufügung reichlicher Zutaten aus dem Fundus der produzierten Weltstücke gemacht werden soll, vermag es nicht zu reichem und erfülltem Augenblick zu werden."[78]

Sind also wir zu „Weltgaffern"[79] geworden? Ebenso ewig, unbeweglich, konstant und konserviert wie die Welt, die wir begehen? Bewegungslose Zuschauer, mit dem Kopf in der Cloud und dem Rest im Sessel? Ist das auch Teil der „neuen Normalität", die durch die Corona-Pandemie einen ungeahnten Schub erhält?

- *Nenne drei Beispiele für die Vorteile des globalen Dorfs. In welchen Fällen ist es ohne Handy nicht erfahrbar?*
- *Wie gut kennst du deine Straße? Deinen Arbeitsweg? Nenne zehn auffällige Dinge, denen du unterwegs begegnest.*
- *Wessen Homepage und wessen Facebook-Seite kennst du in- und auswendig, so dass du darin blind navigieren kannst? Nenne zehn auffällige Dinge.*

Die Grenzen des Zoombaren: Tiefe spüren

Was heißt es, nicht nur die Zeit, sondern auch die Welt mittels Smartphone in der Hand zu haben? Es bringt Sicherheit und Spaß. Es bringt Trost. Es verbindet uns mit den Lebenden und den Toten. Erstmals in der Geschichte können wir auf direktem Wege rund um die Welt verbunden sein. Das ist gigantisch. Es macht uns mächtig. Omnipräsent. Nahezu alle Orte dieser Erde liegen in unserem direkten Zugriff. Wir können sie mit den Fingerspitzen zu uns holen. Wer Google-Maps nutzt, ist nie wirklich verloren. Und natürlich bekommt man auch noch die besten oder doch ziemlich gute Wegvarianten vorgeschlagen, und das sofort und an jedem Ort, der mobile Daten zulässt.

Und der Zugriff geht ja noch weiter. Wer etwas in der Nähe oder Ferne sucht – Cafés, Läden, Ärzte, Freunde, sogar potentielle paarungsbereite Liebhaber –, findet all das, sofort und an jedem Ort, an dem man Empfang hat. Und er geht noch tiefer: Wer auf etwas Lust bekommt oder eine Frage zu etwas am Wegesrand hat, der kann sofort und von jedem Ort aus sich Mütze, Schal und Handschuhe genauso wie Kühlschränke und Autos bestellen, Preisvergleiche anstellen und sich dazu noch über alle Risiken und Nebenwirkungen informieren, einfach so, unterwegs. Oder er scannt den QR-Code und wird sofort weitergebeamt. Die digitale Welt erscheint ja nicht flach, wie es der Touchscreen unseres Handys nahelegen würde, nein, im Gegenteil, sie ist dehn- und zoombar, überall steht potentielle Tiefe zur Verfügung, Hintergrundinfos, Links, Meinungen, Bewertungen, Homepages, Kontakte, Zahlen, Daten, Fakten. Und diese digitale Welt scheint mit Wonne auf uns zu reagieren. Sie präsentiert uns die

Welt wie mit einem Geschmacksverstärker, sie reagiert auf unsere Bewegungen darin mit lustigen Geräuschen und Effekten, die auf den ersten Blick viel deutlicher ausfallen als die Effekte im realen Leben. Das wird „amplified positive feedback" genannt.

Was aber ist mit der *Welt* dazwischen? Verschwindet die reale Welt im Hier und Jetzt heimlich, still und leise dadurch, dass wir sie über die allzeit helle konstant verfügbare Gegenwelt, die wir im Handy mit uns herumtragen, beständig transzendieren? Hinter uns lassen? Hinterfragen? In Daten auflösen? Zu potentiellen Waren degradieren? Was passiert mit der Welt zwischen den Adressaten unserer Posts? Vergessen wir sie oft? Zu oft? Wird sie auf Dauer einfach irrelevant, so wie rechts und links neben der Autobahn von der Landschaft, die wir durchqueren, nicht mehr viel zu sehen ist? Das, was wir oft und öfter tun, prägt unser Bewusstsein nun einmal.

Und was passiert mit der realen Welt im Hier und Jetzt, wenn wir sie im Wesentlichen im Spiegel des digitalen Abbilds „nutzen", „begehen", „auf sie zugreifen"? Verschwindet das, was es jenseits von der Darstellung auf Google-Maps noch in den Straßen zu sehen gibt, weil wir es als irrelevant einstufen und uns angewöhnen, es schlicht und einfach zu übersehen? Was ist mit den Stimmungen, den Gerüchen, dem Einzigartigen, was nur heute, nur an diesem Tag an diesem Ort passiert, mit dem Lebendigen, Zufälligen, Originellen?

Vielleicht erscheint uns *die* Welt im Vergleich zum digitalen Doppel auch irgendwann anstrengend, mangelhaft, mühsam, unsicher, gefährlich, ja eben *lebens*gefährlich, weil wir uns den direkten und prompten, macht- und lustvollen Zugriff auf alles und jedes zur Gewohnheit gemacht haben. Zumal das allein mit den Fingerspitzen möglich ist.

Die Tiefe, die uns hinterm Display geboten wird, ist eben doch anders als diejenige, die wir im Analogen spüren können, wenn wir dort Tiefe spüren. Die Digi-Welt-Tiefe ist auf bestimmte Weise reduzierte Tiefe. Eine funktionale Tiefe. Auch an dieser Stelle gilt: Wir sollten die „tiefe Tiefe", die wir in der analogen Welt erfahren können, nicht aus purer Gewohnheit und Bequemlichkeit vergessen. Wahrscheinlich sind wir schon längst dabei. Auch das könnte eine Form von Demenz sein: Weltvergesslichkeit.

6. Das Vertrauensseelchen

Es ist ziemlich groß geworden, dieses Vertrauensseelchen, und es muss auch ziemlich überzeugend sein. Denn ohne es geht gar nichts. Wir brauchen es, das Vertrauensseelchen, um überhaupt mit einigermaßen gutem Gefühl im Digitalen mitspielen zu können.

Das Vertrauensseelchen *weiß*, dass wir mit allem, was uns durch das Smartphone und die Maschinerie dahinter vermittelt wird, dass wir mit dem, was es uns vorschlägt, empfiehlt oder zeigt, nicht wirklich persönlich gemeint, sondern berechnet sind. Es weiß es. Aber es *glaubt* es nicht.

Das Vertrauensseelchen *weiß*, dass unsere Daten abgesaugt werden und dass wir dadurch in großem Stil durchschaubar und berechenbar werden. Es weiß es. Aber es *glaubt* es nicht. Es vertraut darauf, dass alles schon so passen wird. Dass schon nichts passieren wird. Dass es ungeschoren davonkommt.

Zehn Likes bei Facebook, und der Algorithmus „kennt" uns besser als ein Arbeitskollege, sagt eine berühmte Studie aus dem Jahr 2015. 70 Likes, und er „kennt" uns besser als unsere wirklich guten Offline-Freunde. 300 Likes, und er „kennt" uns besser als unsere Partnerinnen und Partner.[80] Na gut, sind wir vorsichtig, was mit „kennen" wirklich gemeint ist, ist nicht ganz klar …, aber unheimlich ist das schon.

Das Vertrauensseelchen weiß das alles oder könnte es zumindest wissen oder hat immerhin schon mal flüchtig davon gehört. Aber was soll's, wer mitspielen will, wer sein Smartphone nutzen will, muss Vertrauen haben …

nicht nur dahingehend, dass der Virenschutz komplett ist oder niemand mit krimineller Energie gerade dabei ist, uns auszuspähen.

Unser Freund: Unser Helfer

Das Handy erscheint uns oft genug auch als ein Gegenüber, dem wir vertrauen wie einem Freund. Das, was die Apps können, lenkt und leitet uns, gibt uns Tipps und die richtige Musik zur richtigen Zeit, empfiehlt uns, weitere Schritte zu gehen oder bestimmt unsere Sportübungen, schlägt uns vor, wie wir die Erlebnisse und Aufnahmen unseres Tages archivieren sollen und welche Musik gut passt, um das Fotografierte auch noch zu untermalen. So wie ein Freund, der uns gut kennt, es auch tun könnte.

Um zu verstehen, wie diese tatsächlich ziemlich persönlich anmutende Ansprache unseres kleinen Freundes in der Hand funktioniert, müssen wir uns mit einer Erfindung vertraut machen, die schon in den 1990er Jahren an der TU München entwickelt wurde und dann über die Schweiz die Welt eroberte, die digitale und die analoge Welt gleichermaßen. Es handelt sich um das sogenannte Lange Kurzzeitgedächtnis (Long Short-Term Memory, kurz LSTM), mit dem künstliche neuronale Netzwerke in der Lage sind, selbstständig zu lernen. Erfinder dieser „Fähigkeit" von Computern sind die europäischen KI-Köpfe Jürgen Schmidhuber und Sepp Hochreiter. Diese von ihnen entwickelten selbstlernenden Systeme sind inzwischen in alle unsere Handys eingebaut, genau wie in die uns im Hintergrund beobachtende Maschinerie von

Google, Amazon, Facebook und Co, die mit dem Prinzip Deep Learning immer mehr über uns lernt, mit Millionen anderer Menschen abgleicht, bis sie uns punktgenau bewerben oder darüber steuern kann.

Diese KI befähigt die Maschinerie, durch die wir durch unser Smartphone verbunden sind, uns vorzugaukeln, wir seien persönlich gemeint, unser Handy würde uns kennen oder sogar verstehen. Wie ein Gegenüber, das uns liebt.

Diese Erfindung befähigt das Smartphone dazu, uns ein wirklicher Lebensgefährte zu ein. Und wir vertrauen uns ihm an. Weil es so praktisch ist. Und weil es in der Regel stimmt, was für uns errechnet wurde. Nicht nur der Weg ist richtig, auch die Restaurants, in dem das Essen uns schmecken wird, sind richtig berechnet worden. Und es ist doch praktisch, eine Auswahl von Musiktiteln zu bekommen, die denen, die wir gestern gehört haben, eklatant gleicht. Wie sagte es der ehemalige Google-Chef Eric Schmidt: „Ich glaube, dass die meisten Menschen eigentlich nicht wollen, dass Google ihnen ihre Fragen beantwortet. Sie wollen, dass Google ihnen sagt, was sie als Nächstes tun sollen."[81]

Selbsttäuschung: Berechnet, nicht gemeint

Natürlich sind wir nicht gemeint. Solche selbstlernenden künstlichen neuronalen Netzwerke lernen am Beispiel und konstruieren sich – analog zu unserem Gehirn – eigene Wertigkeiten. Anhand von Millionen Spracheingaben von Millionen Nutzern, Big Data sei Dank, hat ein solches System auf diese Weise zum Beispiel gelernt, gesprochene Sprache in geschriebene Worte zu übertragen. Bei Zweifelsfällen und notorischen Nuschlern kann es sogar selbst entscheiden, was wahrscheinlich gemeint sein wird.

So funktioniert die Spracheingabe in unserem Smartphone. So funktioniert es auch, dass sich unser Sprachprogramm „merkt", was wir häufig schreiben. So dass es uns Vorschläge präsentieren kann, wenn wir mal wieder mit viel zu ungeschickten Fingern versuchen, Worte zu tippen und nicht recht vorankommen. So funktionieren auch Amazons Alexa und Googles Siri oder Google Translate.

So funktioniert es aber auch, dass nicht nur innerhalb der einzelnen Funktionen unseres Smartphones, sondern auch auf der Meta-Ebene all unser Tun von der KI-Maschinerie mitverfolgt werden kann. Weltweit vernetzte Lange Kurzzeitgedächtnisse lernen an uns und durch den Vergleich mit anderen Usern, was uns von anderen unterscheidet, in welche Gruppen wir einteilbar sind, welche Vorlieben und welche Gemeinsamkeiten wir mit anderen haben, wie wir das Handy nutzen, was wir über es suchen, kaufen, was wir zurückschicken, wie wir zahlen, wie schnell wir zahlen, wann wir nicht zahlen, ob wir überhaupt zahlen können, welches unser täglicher Weg durch die Stadt oder das Land ist, was wir wo mit einem Smiley versehen oder mit einem dampfenden Kackehaufen – und, das ist sozusagen die Wette, diese Systeme brüsten sich damit, dass sie vorausschauen können, was wir als Nächstes unternehmen werden.

Sie sollen uns künftig besser kennen als wir selbst. Bereits aus dem Jahr 2010 stammt der berühmte Ausspruch des gerade schon zitierten Eric Schmidt: „Wir wissen, wo du bist. Wir wissen, wo du warst. Wir wissen mehr oder weniger, worüber du nachdenkst."[82] Mit dem Ziel, vorherzuwissen, was du morgen tun wirst.

Manches davon ist öffentlich, auch wenn wir uns, dem Vertrauensseelchen sei Dank, in der Regel nicht die Mühe machen, es anzusehen. Auf der *Google-Timeline* kannst du noch einmal nachvollziehen, wo du im vergangenen Jahr, im vergangenen Monat oder heute überall digital unterwegs warst und wo du Datenspuren hinterlassen hast, bei dir zu Hause, im Einkaufsladen, an der Schule, an deiner Arbeit, an deinen Ausflugszielen, bei deinen Freunden. Du weißt es eigentlich natürlich, wenn du nachdenkst, jetzt weißt du, dass Google es auch weiß.[83]

- *Recherchiere bei Google, wo du überall gewesen bist. Wo warst du abgesehen davon noch?*

Du kannst dir daneben auch anschauen, wie Google dich einschätzt – und du wirst sogar aufgefordert, aktiv daran mitzuarbeiten, dieses Bild zu verbessern, damit du passgenauere Angebote bekommst.[84] Schließlich haben wir ja all unsere Daten freiwillig gegeben, und das, was da passiert, ist nicht verboten. Du kannst auch sehen, wie Google sich merkt, was du über Google aufgerufen hast.[85] „Du hast die Kontrolle", schreibt Google dazu. Eine Botschaft direkt für unser Vertrauensseelchen.

Was wir nicht sehen: Verraten und verkauft

Doch Google, Amazon, Facebook und auch diverse Datendienste, die mit den Ergebnissen deiner Analyse viel Geld machen können, wissen noch sehr viel genauer, um wen es sich bei dir und mir handelt. Persönlichkeitsprofile von Datenhändlern auch in Deutschland erfassen Name,

Adresse, Familienstruktur, vorherige Adressen, E-Mail-Adressen, Telefonnummern, Geburtstag, Geschlecht, Anzahl, Name und Alter der Kinder, den kulturellen Hintergrund oder die Ethnie, beruflichen Status, Schulabschluss, finanzielle Situation und Kaufkraft, Einzelheiten zu speziellen Zielgruppen (Raucher oder Sportler), Internetnutzung und Mobilfunknutzung, weitere Milieuzuordnungen, regelmäßige Ausgaben, Urlaubsziele und -zeiträume, Lesethemen, Freizeit und Hobby, Versicherungen und Banken.[86] Bis zu 30.000 Einträge pro Person können solche Datenprofile enthalten. Wenn wir online unterwegs sind, lesen im Schnitt 50 unbekannte Parteien mit, ohne dass wir davon etwas mitbekommen.[87]

- *Erstelle dein Profil einmal per Hand nach diesen Kriterien. Was davon willst du eigentlich für dich behalten?*

Darüber ist sehr viel geschrieben worden, weil das tatsächlich aus uns nicht nur Kunden, sondern auch *Produkte* machen kann – ohne dass wir gefragt wurden. Denn mit uns wird Geld gemacht, viel Geld. Unsere Profile werden verkauft und weiterverkauft. Sie sind Gold wert. Eine der wichtigsten Forderungen ist in diesem Zusammenhang, dass sowohl die Kriterien der Algorithmen als auch unser digitaler Zwilling, der über uns „angelegt" worden ist, öffentlich gemacht werden. Bislang ohne Erfolg. Doch unser Vertrauensseelchen erschüttert all das nur wenig.

Erstens erscheint es uns schlichtweg nicht am eigenen Leib und nicht im eigenen Alltag plausibel, dass jemand mit unseren Daten wirklich etwas „Böses" anfangen kann – und erst, wenn man (und sei es durch Fehlberechnungen oder falsche Zuordnungen) keinen Kredit bekommt, bei der Krankenkasse anders eingeordnet wird oder bei der Schufa anders geführt wird, als es nachvollziehbar ist, merkt man, dass es durchaus Einfluss auf ein ganzes Leben haben kann, was wer wann über uns gesammelt und gewusst hat. Die Mathematikerin Cathy O'Neil hat in einer beeindruckenden Studie tragische Fälle aus den USA gesammelt, um zu zeigen, in welchem Ausmaß die Algorithmen neue Urteile über uns fällen, die vor allen Dingen unwiderlegbar und unhinterfragbar erscheinen.[88] Die Journalistin und Medienethikerin Alexandra Borchardt schreibt: „Ein Nein von einer Maschine ... kann ein Nein für immer sein. Wenn Computer nur noch auf Computerdaten zugreifen, braucht man keine zweite Meinung, denn jede Maschine wird zum gleichen Urteil kommen, wenn sie dieselben Datensätze benutzt."[89]

Zweitens erleben wir unsere mobilen Endgeräte als Antwortende, und wenn die Antworten für uns passen, fühlen wir uns gesehen und erkannt, aber eben nicht ertappt und durchschaut. Einer Studie zufolge behandeln Kinder im Alter von drei bis zehn Jahren, *digital natives* also, Smartboxes wie Alexa und Siri als echtes Gegenüber, als Familienmitglied, als wären sie lebendig.[90] Offenbar neigen Menschen dazu, „eine ‚Maschine, die denkt‘, wahrzunehmen als ein ‚Wesen, das denkt‘"[91]. Was die US-amerikanische Psychologin Sherry Turkle schon in den 1980er Jahren nachweisen konnte, als der Computer noch eine neue, im Vergleich mit unserem Smartphone denkbar dumme und unflexible Maschine war.

Diese Verwechslung von Lebewesen und Maschine ist von den Herstellern gewollt. Alle Kommunikation zwischen Lebewesen basiert auf Vertrauen. Wir trauen den Worten und damit den Menschen. Eine andere Möglichkeit haben wir nicht. Auch die Kommunikation mit unserem Handy basiert analog dazu natürlich auf nichts anderem als Vertrauen. „Wir werden Zeugen eines Konditionierungseffektes", schreibt der Wissenschaftsjournalist und Physiker Ranga Yogeshwar, „der, in vielen Bereichen unseres Lebens Wissen und Verständnis durch ein blindes Vertrauen in die Maschine oder in einen Algorithmus ersetzt. Vertrauen statt Verstehen."[92]

Stolz und Vorurteil: Teil der erlösten Welt

Und drittens schmeichelt es uns auch, selbst Teil der großen digitalen Welt zu sein. Erfüllt es uns nicht auch ein wenig mit Stolz, auf der eigenen Google-Timeline noch einmal zu sehen, wo man überall gewesen ist? Ist es nicht nur praktisch, sondern auch witzig, wenn KI-gesteuerte Maschinen für uns treffsicher Antworten liefern? Ist es nicht schlicht und einfach toll, eine Hilfestellung dieser Art in der Tasche zu haben? Wäre ich sonst auf so tolle neue Interpreten aufmerksam gemacht worden? Auf den billigen Flug? Auf dieses Buch? Auf dich? Wir sind auf diese Weise Teil einer schönen neuen Welt.

- *Nenne drei Gründe, warum Digitalisierung die Welt verbessert!*
- *Nenne drei Gründe, warum Digitalisierung die Welt verschlechtert!*

Die Silicon-Valley-Welt hat von Anfang an auf ungeheuer erfolgreiche Weise neue Technologie mit neuen Heilsversprechen für die Welt, die ganze, verbunden. Die Firmengründer, schreibt der Kommunikationswissenschaftler Christian Hoffmeister zynisch, „sehen sich eher als Berufene, als Auserwählte, die eine Mission erfüllen und wesentlich wichtigere Ziele verfolgen als wirtschaftlichen Erfolg. Der Kampf gegen tödliche Krankheiten, Blinde wieder sehend zu machen und Frieden auf Erden zu bringen – all dies sind die Aufgaben der von Gott gesandten oder auserwählten Menschen. Und die Gründer von Google und Co. scheinen die Fähigkeiten und das Wissen zu haben, diese Aufgabe zu erfüllen – zumindest kommunizieren sie dies immer und gern."[93] Du und ich, mit unserem mobilen Endgerät in der Hand, sind Teil dieser neuen erlösten Welt.

Auslesbar: Die Metadaten sind die Botschaft

Mindestens drei Erschütterungen des Vertrauensseelchens haben wir locker weggesteckt. 2013 war das Jahr der NSA-Affäre. Eigentlich ist seither der Satz, „ich habe nichts zu verbergen" ad absurdum geführt worden. Edward Snowden hatte das Ausmaß der Überwachung vor allem durch die US-amerikanischen und britischen Geheimdienste in Verbund mit anderen Staaten veröffentlicht. Dabei wurde klar: Schon die Meta-Daten sind entlarvend. Nicht unbedingt das ist interessant, *was* gesprochen oder geschrieben wird. Sondern vielmehr, *wer* mit *wem wie oft* und *wie lange* und in *welchem Zusammenhang* kommuniziert. Das interessiert diejenigen, die uns als potentielle Kunden sehen und uns dadurch kontrollieren wollen. Und es interessiert natürlich auch die Staaten, die inzwischen gemerkt haben, welche Macht private Unternehmen dank Big Data über die Menschen gewonnen haben und die deswegen versuchen, dieses Riesenpotential anzuzapfen.

Allen Beschwichtigungsversuchen seitens der Politik im Gefolge der NSA-Affäre zum Trotz sind Metadaten nicht harmlos, das haben etwa die Studien zweier Doktoranden an der Stanford-University, Jonathan Mayer und Patrick Mutchler, gezeigt.[94] Sie konnten allein durch die Analyse der Metadaten ihrer freiwilligen Probanden zuordnen: Wer hat psychische Probleme, wer ist mit wem verbandelt, wer ist schwanger oder treibt ab, wer ist in welcher Organisation, wer interessiert sich für einen Autokauf oder für Waffen?

Wir werden allerdings auslesbar, ohne zu merken, dass wir gelesen und damit interpretiert werden, ohne Frage und Antwort stehen zu können, warum wir was wann gekauft oder übernommen haben. Überspitzt gesagt, könnten wir als Diabetiker einsortiert und daher zu einer höheren Rate bei der Krankenversicherung verdonnert werden, weil wir für eine Nachbarin regelmäßig Insulin gekauft haben. Weil aber alles personalisiert ist und es uns an Vergleichen fehlt, würden wir es vielleicht nicht mal merken, dass wir bei der Krankenkasse mehr zahlen als Nicht-Diabetiker.

Ende der gemeinsamen Welt: Microtargeting und Filterblasen

Das Zweite, was unser Vertrauensseelchen hätte erschüttern können, wäre das, was wir über sogenanntes Microtargeting gelernt haben infolge des US-Wahlkampfs Clinton contra Trump, verbunden mit dem Namen des

Unternehmens Cambridge Analytica. Wieder spielten die Metadaten eine Rolle, diesmal die Metadaten von Facebook-Usern. Sie wurden in diesem Fall noch ergänzt durch einen „Psychofragebogen", der zunächst vorgab, allein für Forschungszwecke zur Verfügung zu stehen, dann aber von Aleksandr Kogan an das Unternehmen Cambridge Analytica weitergegeben wurden, eine Firma, die u. a. von Steve Bannon, Chefstratege im Trump-Wahlkampf, gegründet worden war, finanziert vom Milliardär Robert Mercer.

Wieder war es ein „Whistleblower", in diesem Fall Christopher Wylie, der die Feinheiten des Systems an die Öffentlichkeit brachte (davor hatte schon The Guardian darüber berichtet, wie Cambridge Analytica dem Konservativen Ted Cruz bei dessen anlaufendem Präsidentschaftsvorwahlkampf half).[95] Microtargeting bedeutet nun nicht nur, dass wir zielgruppengenau beworben werden können. Es kann damit verbunden werden, dass wir *indirekt* beeinflusst werden. Mit der Schaffung einer Stimmung (nur für uns!), die uns zu etwas Speziellem bringen soll – zum Beispiel zum Nichtwählen oder dazu, dass wir bei einer bestimmten Partei die passgenaue Antwort auf die uns erst bereiteten Sorgen finden. Das war schon in der analogen Welt möglich, etwa dadurch, dass Wahlkämpfer sich vor Ort erst über die jeweiligen Personen informieren und ihnen dann ihren Interessen entsprechend Versprechen machen. Nun ist das Wissen über psychische Verfasstheit und Wissen über Interessen und Zugehörigkeiten aber noch ausgefuchster einsetzbar.

So bekamen potentielle Clinton-Wählerinnen und -Wähler über Social Media verstärkt negative Nachrichten über Hilary Clinton zugespielt. Ihre Sicht änderte sich, ohne dass sie bemerkten, dass es eine *nur auf sie* abgestimmte Sicht der Wirklichkeit war. Darüber hinaus wurde ein gesamtes System aufgebaut, um die Leute mit vermeintlich objektiven Informationen über Dinge zu versorgen, die gar nicht wirklich mit dem US-Wahlkampf in Verbindung gebracht werden konnten. Aber doch relevant waren.

Diese zielgenaue Maschinerie ist überall in den Social Media zu beobachten, Tech-Guru und Netzkritiker Jaron Lanier hat sie in seinem Buch „Zehn Gründe, deinen Facebook Account zu löschen" detailliert beschrieben.[96] Die gemeinsame Welt geht verloren, weil die Welt, die ich zu sehen bekomme, eine andere ist als die, die du angezeigt bekommst. Jaron Laniers Gedankenexperiment ist eindrücklich: „Kannst du dir vorstellen, wie es wäre, wenn Wikipedia jedem Nutzer eine andere Version eines Artikels präsentieren würde, und zwar aufgrund eines heimlich angelegten Profils der betreffenden Person?"[97]

* *Kennst du folgende Verschwörungstheorien: Die Mondlandung war ein Fake. Die Erde ist flach. Rauchmelder hören dich ab. Die Juden haben die Migrationswaffe entwickelt und wollen Europa mit Flüchtlingen überfluten. Glaubst du an 9/11 oder nicht?*

Bei Wikipedia ist es natürlich nicht so, aber das Problem der Echo-Kammern und Filterblasen ist seit Jahren bekannt, ohne dass bislang ernsthafte Gegenmittel gefunden worden sind. Die eigenen Ansichten und Interessen werden unbemerkt bestätigt, weil Algorithmen herausfiltern und zeigen, was zu deinem Profil passt. Der Rest wird nicht angezeigt – oder so weit unten im Newsfeed, dass er

übersehen wird. Verschwörungstheorien und krude Weltbilder sind die Folge.

Ohne wenigstens die Chance zu haben, die gleiche Perspektive einzunehmen wie das Gegenüber, haben es Empathie und gegenseitiges Verständnis schwer. „Ich habe
jedoch keine Möglichkeit, deinen Social-Media-Feed zu
sehen", so Jaron Lanier weiter. „Daher sind meine Fähigkeiten, nachzuvollziehen, was du denkst und fühlst, ein-
geschränkt. Wir müssen nicht alle das Gleiche sehen, um
uns verstehen zu können – nur altmodische, autoritäre
Regime versuchen, alle Menschen das Gleiche sehen zu
lassen. Aber wir müssen durchaus in der Lage sein, einen
Eindruck von dem zu bekommen, was andere sehen."[98]

Überwachung und Steuerung: Social Credit System

Und das Dritte, was das Vertrauensseelchen verunsichern
könnte, ist das Bekanntwerden eines riesigen Menschen-
versuchs in China, wo der totalitäre Staat die Datenmacht
innehat und die Möglichkeiten selbstlernender Systeme,
Gesichtserkennung und Überwachung im analogen Leben verbindet. China baut ein Social Credit System auf,
das zunächst in einigen Millionen-Städten, etwa in der
Ostküstenstadt Rongcheng, durchgespielt, bald schon aber
auch landesweit eingeführt werden könnte (und damit für
ein Fünftel der Weltbevölkerung Realität werden würde).

Alle Daten, die über Krankenversicherung, Einkaufs-
verhalten, aber auch über die Dauer von Handy- und PC-
Nutzung, kurz über das ganze digitale Alltagsleben gesammelt werden, werden dabei noch verbunden mit der
Totalerfassung des analogen Lebens. Millionen Über-

wachungskameras mit Programmen zur Gesichtserkennung verbunden mit der Möglichkeit, die Abermillionen Daten durch KI auch tatsächlich auszuwerten, ergeben einen umfassenden digitalen Abdruck von jedem. So kann es nicht nur positive Bewertungen (und etwa Belohnungen durch Rabatte) geben, es gibt auch negative Punkte, wenn jemand bei Rot über die Ampel geht oder zu viel Klopapier benutzt. Besonders eindrücklich: Die eigene Bewertung kann nicht nur am eigenen Smartphone abgerufen werden, sondern wird auch mit Namen und Bild an riesigen Bildschirmen öffentlich gemacht. Offenbar finden viele Leute in China das sogar praktisch und sinnvoll.[99] Inzwischen sind unzählige betroffen von Sanktionen – zum Beispiel dürfen sie nicht mehr fliegen. Letztlich geht noch der letzte Rest von Bürgerrespekt verloren. Und im Zuge der Corona-Bekämpfung hat man gesehen, wie umfassend der chinesische Staat seine Bürger beherrschen, kontrollieren und sanktionieren konnte – auch wenn es dem Gemeinwohl verpflichtet erschien.

Profiling: Was ich nicht weiß, macht mich nicht heiß

Diese drei Ereignisse haben vielleicht unser Vertrauensseelchen erschüttert, und möglicherweise fallen dir noch weitere ein. Aber sie erschüttern uns doch nicht derart, dass wir es mit dem, was wir auf unserem Handy konkret tun oder lassen, zusammenbringen würden. Wir tun so, als wären wir *nicht* betroffen. Das große Ganze und die Welt in unserer Hosentasche zusammenzubringen fällt uns schwer. Oder aber wir wissen nicht, was wir alternativ tun sollen. Denn wir wollen ja partizipieren, wollen dabei sein – und offenbar müssen wir dann alles Mögliche in Kauf nehmen, was mit unseren Daten angestellt wird. Offenbar sind wir dem Profiling alternativlos ausgeliefert.

Wir müssen unserem Vertrauensseelchen helfen. Wir müssen ihm täglich sagen: Wir sind nicht gemeint. Wir sind berechnet. Wir existieren in dieser schönen, neuen, digitalen Welt nicht als freier Bürger. Sondern als Kunde. Oder als steuerbarer Wähler. Eigentlich nur als Nummer. Wir sind nur eine Nummer im digitalen Universum.

Oder wir müssen Folgendem nachspüren: Da hat eine Maschinerie im mehr oder minder rechtsfreien Raum, größer als Staaten und Staatengemeinschaften, nicht demokratisch legitimiert, sondern lediglich profitorientiert, die Möglichkeit, *dich* zu durchschauen. Sie kennt *dich*, weil *du* ihr all dein Innenleben überlassen hast, weil *du* zugestimmt hast, dass *deine* Spaziergänge im Netz nachvollziehbar sind, das, was du gegoogelt hast, nachvollziehen kann, deine Vorlieben, deine Familiensituation, deine Wünsche. Sie kann all die Daten und die Metadaten, die Spuren im Netz, die du hinterlassen hast, auch wirklich *dir* zuordnen. Und interpretieren.

Sie kann sogar interpretieren, welche Gefühle du an welchem Ort gehabt hast, weil die Emojis, diese lustigen kleinen Dinger, die so wichtig sind, um der schriftlichen Kommunikation noch den richtigen „Tonfall" beizugeben, diese Smileys, Blumen und Bierkrüge, die du an gewissen Orten verschickt hast, mit den entsprechenden Geodaten verbunden sind. Dazu werden natürlich auch persönliche körperbezogene Daten übertragen, weitergegeben etwa über Armbänder, die Schrittzahlen und Kalorienverbrauch messen.

Meine Daten: Das Erdöl der digitalen Welt

Diese unsere Daten sind das neue „Erdöl"[100], und die fünf Digitalriesen Facebook, Apple, Amazon, Microsoft und die Google-Holding Alphabet kämpfen gegenwärtig rigoros um sie, in China sind es die staatsnahen Firmen Baidu, Tencent und Alibaba. Denn dein Daten-Bild wird in Zukunft noch viel vielfältiger verwertbar sein: natürlich für Banken, Versicherungen, Krankenversicherungen und andere personenbezogene Dienste, die sich informieren wollen, auf wen sie sich einlassen – ohne, dass du auch nur jemals gefragt wirst, ob das, was dein Daten-Zwilling ausmacht, wirklich mit der Realität übereinstimmt. Oder für andere, die dich vielleicht als neuen Mitarbeiter einstellen wollen und deinen Digital-Abdruck aussagekräftiger finden als deine Bewerbungsmappe. Wieder bist du nicht gefragt worden, kannst dich nicht verteidigen, rechtfertigen oder geraderücken, kannst dich für nichts entschuldigen, nichts wiedergutmachen, nichts widerlegen, weil du selbst gar nicht weißt, wie dein Daten-Zwilling aussieht und welche Schlussfolgerungen daraus gezogen werden.

- *Welche Dinge in deinem Leben würdest du gern „zurückrufen"? Was willst du vergessen? Was würdest du auf keinen Fall in eine Bewerbungsmappe schreiben?*

Wie fühlt sich das an? Dieses dein Daten-Bild wird ja nicht von Menschen erstellt. Die Algorithmen ordnen und sortieren, um Prognosen anzustellen, was du wie wann warum tun wirst, ob du krank wirst oder gesund bleibst, ob du wahrscheinlich süchtig wirst oder nicht, was oder wen du wählst, worauf du emotional ansprichst und wie du behandelt werden willst, damit du gerne *ja* sagst.

Durchsichtig: Gen-Code plus Daten-Bild

Wie fühlt sich das an, wenn dein Daten-Bild sogar mit deinem Gen-Code verknüpfbar ist, mit deinem Körper und seinen voraussichtlichen biologischen Möglichkeiten? Auch das ist schon Realität, zumindest die amerikanische Gesellschaft ist schon mehr oder minder kartiert bzw. hat sich „freiwillig" kartieren lassen. Millionen haben sich beim Forschungsunternehmen 23andMe ihre DNA-Probe analysieren lassen, für günstige 99 Dollar (der Test verursacht eigentlich rund 3000 Dollar Kosten). Bis Mitte 2018 haben fünf Millionen Menschen mitgemacht. Der medizinische Wissenszuwachs für jeden Einzelnen (etwa über Erbkrankheiten) hielt sich wohl sehr in Grenzen. Doch „23andMe bekam, was es wollte, und noch mehr", schreibt der Investigativ-Journalist Hannes Grassegger. „Denn über jede eingesendete Genprobe lassen sich auch die Verwandten des Senders identifizieren. Ein genetisches Bild der amerikanischen Bevölkerung wird skizziert. Der größte genetische Datensatz der Geschichte, eine Biodaten-Schatztruhe, lagert jetzt auf Servern in sechzehn Minuten Gehdistanz des Googleplex."[101]

Google Inc. hat sich in die Firma 23andMe eingekauft. Man könnte, wenn man wollte, wenn man dürfte, wenn man es wagte, die Biodaten mit dem Google-Datenzwilling für jeden einzelnen Menschen zueinander-bringen … Google-Mitgründer Larry Page hat einmal in einem Interview sehr deutlich sein Bedauern darüber ausgedrückt, dass die Rechtslage dies im Augenblick nicht zulässt: „Es gibt eine Menge Dinge, die wir gern machen würden, aber leider nicht tun können, weil sie illegal sind", sagte er schon 2013 und fügte hinzu, der Grund sei, dass es „Gesetze gibt, die sie verbieten. Wir sollten ein paar Orte haben, wo wir sicher sind. Wo wir neue Dinge ausprobieren und herausfinden können, welche Auswirkungen sie auf die Gesellschaft haben."[102]

Hannes Grassegger, bekannt geworden ist er durch seine Recherchen zu Cambridge Analytica und Facebooks geheimen Löschzentren, schreibt: „Das Web ist der Außenraum meiner Innenwelt. Und diese Innenwelt ist eindeutig verknüpfbar mit dem Rest von uns."[103] Gefüttert haben wir diesen Außenraum selbst und sind weiterhin bereitwillig dabei, der Logik all der Apps folgend (wie zwingend diese Logik ist, dass sie es schafft, uns regelrecht umzuprogrammieren, darum geht es gleich noch ausführlich). Hannes Grassegger zieht den Schluss: „Der Trick ist alt. Man lockte uns mit Plattformen, mit neuem Land, das wir beackern durften – und behielt im Gegenzug die Ernte: unsere Gedanken und Gefühle, unsere Freunde und Geschäftspartner, unsere Ansichten und Erinnerungen, unsere Bewegungen, unseren Herzschlag, unser Genom. Uns. … Wir sind digitale Leibeigene."[104]

Wer in der EU lebt, kann sich immerhin ein bisschen glücklicher schätzen, denn nur die EU hat es bisher geschafft, dem Diktat der scheinbar alternativlos hinnehmbaren AGBs, die den Datensammlern Allmacht über unsere Daten zuteilen, zumindest etwas Einschränkendes entgegenzusetzen, mit der EU-Datenschutzgrundverordnung (EU-DSGVO) aus dem Jahr 2018. Darin heißt es u. a.

(§ 22 Abs. 1), eine Person solle keiner „ausschließlich auf einer automatisierten Verarbeitung – einschließlich Profiling – beruhenden Entscheidung unterworfen werden, die ihr gegenüber rechtliche Wirkung entfaltet oder sie in ähnlicher Weise erheblich beeinträchtigt"[105]. Kritiker weisen allerdings darauf hin, dass es jedem Menschen schwerfallen wird, „festzustellen, wer sie profiled, ob die Klassifizierung vollautomatisch stattfindet und inwiefern eine erhebliche Beeinträchtigung auf Profiling zurückzuführen ist"[106].

Das Missverständnis: Ich habe nichts zu verbergen

„Ich habe nichts zu verbergen" – dieser Satz, der immer noch oft geäußert wird, ist auf alle Fälle klar identifiziert als ein weiteres Produkt unseres Vertrauensseelchens und hat das Zeug dazu, zu so etwas wie zum Unwort des Jahres gewählt zu werden. Er ist lediglich Selbstberuhigung, bestenfalls ein Trugschluss und auf alle Fälle asozial.

„Ich habe nichts zu verbergen" – dieser Satz ist als Trugschluss entlarvt, weil du ja gar nicht weißt, welche Interpretationen aus deinen Alltagshandlungen, deinen Wünschen und Gewohnheiten, deinen Verbindungen, Freunden und Familienbeziehungen, deinen spontanen Äußerungen und Fotosammlungen per Algorithmus erstellt werden, welche Schlüsse aus dem, was für dich selbstverständlich ist, gezogen werden und wie du damit für wen manipulierbar wirst. „Ein Algorithmus verarbeitet einen Haufen Daten und errechnet daraus eine Wahrscheinlichkeit, dass eine bestimmte Person ein schlechter Mitarbeiter, ein Kreditrisiko, ein Terrorist oder eine miserable Lehrerin sein *könnte*." Das ist das Fazit der schon erwähnten Mathematikerin und Aktivistin Cathy O'Neil. „Aus dieser Wahrscheinlichkeit wird ein Score destilliert, der das Leben eines Menschen auf den Kopf stellen kann. Aber wenn sich diese Person dagegen wehrt, ist ein ‚Indiz', das auf das Gegenteil hindeutet, einfach nicht gut genug. ... Die menschlichen Opfer ... müssen wesentlich stichhaltigere Beweise erbringen als die Algorithmen selbst."[107]

„Ich habe nichts zu verbergen" – dieser Satz ist das Ende der Solidarität, von der jede Gesellschaft lebt, die eine Gesellschaft zusammenhält und die deshalb oft der „soziale Kitt" genannt wird. Denn wer sagt, *ich* habe doch nichts zu verbergen, daher stütze *ich* das System bedenkenlos, vergisst, dass schon der Freund oder der Nachbar sehr wohl etwas „zu verbergen" haben könnten, weil irgendwas in seinem Leben oder an ihm oder in seiner Familie nicht der algorithmischen Norm entspricht oder ein gewisses Risikopotential darstellt. Der Münchner Sozialethiker Alexander Filipović: „Denn es gibt Menschen, die wegen ihrer Religion, ihrer sexuellen Orientierung, ihrer Krankheit etc. sehr wohl etwas zu verbergen haben, die sich schützen müssen und ein Recht auf diesen Schutz vor möglicher Diskriminierung haben."[108] Und die das Recht auf ihr Geheimnis haben sollten. Weil sonst die gesamte Solidarität einer Gesellschaft zusammenbricht. „Wir müssen für eine Gesellschaft eintreten", schreibt Filipović weiter, „in der Menschen etwas verbergen können, in der sie informationell selbstbestimmt agieren können – nur das ist eine freie Gesellschaft."[109]

Menschengemachte Rechenregeln:
Algorithmen sind nicht wie das Wetter

Führt uns also der Weg schließlich zur Selbstzensur? Nach dem Motto: Bloß nichts mehr googeln. Bloß nichts mehr von sich erzählen. Bloß nicht mehr unter Klarnamen agieren …

Oder ist es an der Zeit, die Algorithmen nachzujustieren und klare Regeln zu fordern? Denn sie sind ja *menschengemachte* Mustererkennungsmittel, die eigentlich etwas vereinfachen sollen und beinah überall eingesetzt werden: als Arbeitserleichterung. Sie sind Werkzeuge, Hilfsmittel, aber weil sie in hohem Maße komplex sind und selbstständig zu Ergebnissen kommen, kommt es uns inzwischen vielfach vor, als würden sie ein Eigenleben führen.

Cathy O'Neil hat viele Fälle aufgezeigt, in denen die Algorithmen mit guter Absicht entwickelt wurden, aber das Gegenteil bewirkten, weil sie selbstverstärkende Feedbackschleifen entwickeln, weil sie stets ihrer eigenen Logik folgen, der sich alle zu beugen haben. Ein bekanntes Beispiel ist das Bewertungssystem, das für amerikanische Colleges entworfen wurde und das einige Parameter vergessen hat zu berücksichtigen, unter anderem den Preis, den man für einen Collegeplatz zahlen muss. Dementsprechend entstand ein Ranking, das selbstverstärkend wirkte und für viele Hochschulen Rufmord bedeutete. Als die Obama-Regierung versuchte, den Algorithmus zu ändern, wehrten sich, man glaubt es kaum, vor allem auch die Rektoren der Hochschulen, die die vergangenen Jahre damit beschäftigt waren, ihre Colleges dem Algorithmus entsprechend anzugleichen.

- *Achtest du auf Bewertungen, bevor du etwas kaufst oder einen bestimmten Ort besuchst?*
- *In welchen Fällen würdest du dich anders entscheiden, als es dir empfohlen wird?*
- *Wie viel Überwindung – auf einer Skala von eins bis fünf – kostet es dich?*

Wenn die Entscheidungen der Algorithmen schlechter sind, als es die menschlichen Entscheidungen wären, die sie ersetzen sollen, gilt es innezuhalten. Zumal die Nachteile, die dadurch entstehen, die schwächeren Glieder der Gesellschaft ausbaden müssen, die dadurch, dass Algorithmen Menschen nicht als Individuen begreifen, sondern nach Mustern klassifizieren, mehr darunter leiden, in Sippenhaft genommen zu werden, als es Millionäre tun, wenn sie mit anderen Millionären in einen Topf geworfen werden. „Wir müssen uns genug gesunde Skepsis zulegen, um die Daten, die in unsere Algorithmen einfließen, und die Folgen, die sie produzieren, sehen, verstehen und verteidigen zu können"[110], so das Fazit Cathy O'Neils. Wie Algorithmen und ihr Einsatz aussehen könnten, wenn man noch ganz andere, lebens- und menschenzentrierte Werte mitberücksichtigen würde, das hat Sarah Spiekermann in ihrem sehr grundlegenden Buch „Digitale Ethik" auf vielfache Weise beschrieben.[111] Wenn es nicht nur um Rationalisierung und Gewinnmaximierung geht, sondern auch um Gemeinschaftsstärkung, Gesundheit, Gerechtigkeit, Freiheit usw., was müsste dann noch alles „mitberechnet" werden?

Die Forderung ist, Hans Jonas hat das schon vor Jahrzehnten unter dem Stichwort „Prinzip Verantwortung" sehr generell formuliert: Unternehmen müssen Verantwortung für ihre Produkte übernehmen – dafür, dass sie richtig funktionieren, aber auch, welche Auswirkungen sie haben.[112] Cathy O'Neil fordert, übertragen auf die Ethik für Algorithmen: „Generell sollte das Bestreben, mithilfe von Algorithmen Verantwortlichkeiten herbeizuführen, bei jenen Firmen anfangen, die diese Algorithmen entwickeln und implementieren. Sie sollten die Verantwortung für ihre Einflussmacht übernehmen und ein Nachweisverfahren dafür entwickeln, dass ihre Alternativen nicht schädlich sind, ebenso wie Unternehmen der chemischen Industrie nachweisen müssen, dass sie die Flüsse und das Grundwasser in ihrer Umgebung nicht verseuchen. Das soll nicht heißen, dass Algorithmen generell verboten oder zwingend offengelegt werden sollten, aber es bedeutet, dass die Beweislast den Unternehmen auferlegt werden muss. Sie sollten dazu verpflichtet werden, ihre Algorithmen regelmäßig auf Rechtmäßigkeit, Gerechtigkeit und Richtigkeit prüfen zu lassen."[113] Ähnlich Ben Shneiderman von der University of Maryland, der vorschlägt, „Algorithmen genauso zu regulieren wie Autos, Banken oder Medikamente"[114], weshalb es auch eine TÜV-analoge Regulierungsbehörde geben sollte. Das deutsche Internet-Institut, das „Weizenbaum-Institut für die Vernetzte Gesellschaft" in Berlin, forscht inzwischen dazu, die Initiative „AlgorithmWatch" beschreibt die Auswirkungen von algorithmischen Prozessen. Die Bertelsmann-Stiftung entwickelt gemeinsam mit dem ThinkTank iRights Lab „AlgoRules", Regeln, nach denen Algorithmen programmiert und eingesetzt werden könnten.[115] Microsoft-Chef Satya Nadella veröffentlichte 2016 zehn Grundprinzipien für den Umgang mit künstlicher Intelligenz,[116] unter anderem heißt es dabei,

Künstliche Intelligenz sollte entwickelt werden, um der Menschheit zu helfen und deren Autonomie zu wahren. Das EU-Parlament hat zur Regulierung von autonomen IT-Systemen 2017 eine Reihe von Werten aufgezählt, die es aus rein rechtlicher Sicht zu berücksichtigen gelte: „Dazu gehören Sicherheit, Freiheit, Privatheit, Würde, Selbstbestimmung, Gleichheit, Gerechtigkeit, Nicht-diskriminierung, Transparenz, Autonomie und Verantwortung."[117]

- *Kennst du die Haltungen politischer Parteien zum Thema Digitalisierung und Algorithmen? Frage deinen Stimmkreisabgeordneten!*
- *Was sind die Vorteile von Smartboards in Schulen? Willst du Tablets für Schulkinder? Zoom-Konferenzen? Homeschooling?*

Algorithmen sind von Menschen gemacht. Sie sind an sich nur so gut, wie sie funktionieren, um eine bestimmte Aufgabe zu übernehmen. Das Vertrauensseelchen will uns immer wieder in den Schlaf singen. Dabei müssen du und ich misstrauisch bleiben. Wird wirklich alles leichter, besser, rationeller, kundenfreundlicher, individueller, praktischer dank dem Einsatz von Algorithmen?

Fühlen wir uns weniger gemeint. Fühlen wir uns öfter berechnet. Das Handy ist nicht unser Freund. Es ist auch nicht unser Feind. Was soll es also für uns sein?

7. Der Wisch-Welt-Daumen

Der Wisch-Welt-Daumen hat es in sich. Er wischt nach rechts oder links, sortiert nach hopp oder top, gut oder schlecht, Daumen hoch oder ignorieren, eins oder null. Er sortiert Bilder, News, Behauptungen, Meinungen, Bücher, Songs, Clips, Rezepte und Leute nach schwarz oder weiß. Was nicht gut ist, wird gleich weggewischt, das nächste Bild, die nächste Info wartet ja schon, mal schauen, was die zu bieten hat …

Na gut, einige Differenzierungen kennt er, der Wisch-Welt-Daumen. Er kann auch in fünf Sterne differenzieren, schließlich ist mittlerweile das allermeiste Digitale nach dem Fünf-Sterne-Prinzip bewertbar. Das soll Reaktionen herausfordern, denn es ist für unsere Datensammellager interessant, was wir gut, besser oder sehr schlecht finden. Außerdem verweilen wir dadurch noch ein bisschen länger auf der einen oder anderen Plattform – was für die Plattform geldwert ist, die uns bewerben will.

- *Wann und wofür schreibst du Bewertungen, vergibst Herzchen und Daumen?*
- *Hast du schon einmal so richtig schlecht bewertet, weil du gefrustet warst?*
- *Was reizt dich sofort zum Kommentieren?*
- *Liest du Blogs? Liest du Kommentare zu journalistischen Artikeln? Kannst du dich noch an eine gute Aussage erinnern? Was war hilfreich? Was hat dich geärgert?*

Darüber hinaus soll es natürlich uns auf unseren Wegen durch die digitale Welt hilfreich sein, es soll uns Orientierung geben, wenn wir uns durchs infinite Angebot klicken. Und es macht Spaß, bewerten zu können. Wir fühlen uns wichtig. Ernst genommen. Unsere Meinung zählt. Mit unserem Wisch-Welt-Daumen wird das Handy zu einem Dauerstimmungsbarometer nach einem sehr einfachen Raster.

In den vergangenen Jahren ist deutlich geworden, dass viele Verhaltensweisen, die wir mit diesem Wisch-Weg-Daumen üben, nicht gerade die besten menschlichen Qualitäten trainieren. Mittlerweile ist auch sichtbar geworden, dass etwas mehr als zehn Jahre intensives digitales Kommunizieren uns insgesamt sozial neu konditioniert haben. Auch im Off läuft plötzlich vieles nach der Wisch-Welt-Logik hopp oder top, gut oder schlecht, Daumen hoch oder Daumen runter. Der nächste Vorschlag kommt bestimmt. Der nächste Mensch. Der nächste Kandidat. Der nächste Aufreger.

Das, was man oft und öfter tut, prägt nachhaltig, und wir unterscheiden dabei nicht zwischen digitalem und analogem Tun. Unter dieser Perspektive haben wir uns – weitgehend unbemerkt – eine völlig selbstverständliche Dauer-Bewertungskultur antrainiert, die auf Reflex statt auf Reflexion setzt. Es erscheint uns bei unseren Wegen durch die reale Welt schon fast eigenartig, wenn wir etwas nicht sofort bewerten und kommentieren können. Und in der digitalen Welt rufen manche, wenn nicht bewertet werden kann, sogleich: Zensur!

Wenn wir schnell zwischendurch einen Tweet eintippen oder bei Facebook etwas posten, auf Instagram etwas liken, wenn wir auf Nachrichtenseiten oder auf Blogs etwas kommentieren oder teilen, dann gilt dabei die ungeschriebene Regel des Netzes: Jeder Kommentar ist prinzipiell gleich viel wert. Jeder Kommentar erscheint dadurch prinzipiell berechtigt. Der Kampfruf lautet *free speech*.

Er ist allein dadurch legitimiert, dass er ein authentischer Kommentar eines Users wie du und ich ist und dass es doch toll ist, dass jemand die schönen immer noch „neuen" radikal direkten Kommunikationsmöglichkeiten nutzt. Ob die Kommentare etwas bringen, ob sie fundiert sind, ob sie der Sache angemessen sind, all das spielt dabei in der Regel keine Rolle. Außer Acht gelassen wird auf dieser Ebene auch, ob die Kommentare *wahr* oder *falsch* sind. Sie dürfen prinzipiell sein, allein deshalb, weil man sich daran freuen kann, dass sie möglich sind. Wenn sie nicht stimmen, kann man zwar etwas entgegensetzen, aber demjenigen den Mund gänzlich verbieten – das widerspricht diesem ungeschriebenen Gesetz. Auf gut Deutsch: Jeder darf seinen Senf dazugeben, das wird als „gutes Recht" des Handy-Menschen empfunden. Selbst wenn es sich um von Blödsinnigkeit strotzende autoreferentielle Echo-Kammern handelt.

Wahr oder *falsch* ist abgelöst worden von *lustig* oder *doof, originell* oder *fad, muss doch mal gesagt werden dürfen* und *darf man noch nicht mal denken*. Ob etwas wahr oder falsch ist, kann übrigens auch kein Algorithmus der Welt entscheiden, der sortiert ja in den sozialen Netzwerken genauso wie beim Ergebnis einer Google-Suche nach dem Prinzip Aufmerksamkeit und wird daher die potentiellen Aufreger nach oben setzen, egal wie ihr Wahrheitsgehalt ist – weil Menschen es auch tun.

- *Wann hast du das letzte Mal die Zeit vergessen, weil du dich von Bild zu Kommentar zu Info und wieder zurück geklickt hast?*
- *Bei welchen Bildern kannst du nicht widerstehen?*

„Die Algorithmen, die unsere Timelines kuratieren, verstehen *nicht,* was irgendwas von dem, was wir teilen, bedeutet oder ob es stimmt"[118], schreibt der Software-Entwickler Daniel Suarez. Algorithmen „berechnen ausschließlich die relative Teilungswürdigkeit eines Beitrags auf Basis dessen, wie die Leute auf ihn reagieren"[119]. Nun sind aber Benutzerkonten der Sozialen Medien *keine* Medien im klassischen Sinne. Sie tun nur so. Sie dienen kommerziellem Interesse. Sie verstärken daher das, was Aufmerksamkeit bei ihren Usern, also ihren Kunden, hervorruft. Aus diesem Grund haben Fake-News, Blödsinnigkeiten, Beleidigungen, markige Worte und Unverschämtheiten einen klaren „Wettbewerbsvorteil" gegenüber komplizierten Vorgängen oder Zwischentönen, gegenüber dem Normalen und gut Gelingenden. Denn sie rufen starke Emotionen hervor, sie „müssen" reflexhaft sofort bewertet und geteilt werden – und sei es nach dem Motto: Das kann doch nicht wahr sein! Weil der Mensch aber nur ein begrenztes Maß an Aufmerksamkeit hat, gehen im Gegenzug andere Meldungen unter. Sie dringen nicht mehr durch.

Zwischen den Kommentatoren gibt's auch Trolls, Leute also, die unter Decknamen in Foren provozierende Debatten lostreten wollen oder bewusst in Echo-Kammern eindringen wollen, um mal eine andere Meinung loszuwerden. Und außerdem sind unter denen, die Sternchen für Produkte verteilen, auch bestellte Kommentatoren oder gar Social Bots, als reale Personen getarnte Programme, die ganz bewusst irritieren sollen, die vortäuschen sollen, eine ganze Masse an Usern sei der entsprechenden Meinung. Was im Übrigen den gesamten Meinungsbildungsprozess entwertet.

Eine Studie an der Universität Duisburg-Essen hat gezeigt, dass nur wenige Social Bots genügen, um die Stimmung maßgeblich zu beeinflussen.[120] In einer normalen kontroversen Diskussion mit ausgeglichener Ausgangslage ist die Chance 1:1, dass sich eine Meinung durchsetzt. Sind nur zwei bis vier Prozent der Kommentatoren Social Bots, verschiebt sich das Verhältnis schon auf 2:1. Das liegt unter anderem daran, dass diejenigen, die sich in der Minderheit fühlen, dazu neigen, den Mund zu halten. Eine sogenannte Schweigespirale setzt ein. Und die Bots gewinnen.

Fake-News und Bots, Trash und Blödsinn, Hasskommentare und Shitstorms – all das erscheint uns, wenn wir übers Handy kommunizieren, tatsächlich normal, bestenfalls als ärgerlicher Kollateralschaden. Der Grundsatz, jeder dürfe prinzipiell mitmachen und seine Meinung kundtun, scheint uns einfach zu wichtig – und der eigene Daumen zuckt ja auch schon wieder: Wie viele Sterne vergibst du für diesen Tatbestand?

- *Stell dir vor, alle Leute, deren Kommentare du in der vergangenen Woche gelesen hast, säßen an einem Tisch. Wie sehen sie aus? Was tun sie? Wen würdest du zurechtweisen oder gar rausschmeißen?*

Wenn offizielle Nachrichtenportale oder öffentlich-rechtliche Medien die Kommentarfunktionen öfter einschränken, dann mit gutem Grund, weil sie meist gar nicht personell gewährleisten können, dass unter den vielen, natürlich prinzipiell gewünschten Kommentaren keine Schmähkritik oder Rassismus verborgen sind, die nicht stehengelassen oder verbreitet werden dürfen. Auch hier gilt: Aus Sicht der Digital-Kommunikationslogik erscheint manchem eine solche Einschränkung der Kommentarfunktion einer Nachrichtenseite schon beinahe als Zensur und Beschneidung der Meinungsfreiheit. Als gelte im Internet kein Recht und kein Gesetz. Als gelte im Internet auch keine Ethik, kein Anstand und keine Moral.

Emotionsmotor Handy: Die große Sorge

Wahr oder *falsch* ist für diese Form von Wischwelt zwar keine angemessene Kategorie mehr – aber muss es für jeden Einzelnen doch sein, denn genau das bleibt ja für dich und mich wichtig. Bei Social Media gilt aber auch der im klassischen Medienrecht festgelegte Berichtigungsanspruch nicht, nach dem Falschmeldungen dort, wo sie veröffentlicht wurden, auch richtiggestellt werden müssen. Facebook und YouTube löschen zwar nun auf immensen Druck der EU extremistische, terroristische oder sexuell freizügige Inhalte – die meisten werden wiederum von der eingesetzten Software identifiziert –, aber das ist etwas anderes.[121] Außerdem wollen sie für ihre Löschregeln keine öffentliche Verantwortung übernehmen. Sie legen sie nicht vor. Weder ihren Kunden. Noch Nationalstaaten oder Staatenverbünden.

Wenn niemand die Verantwortung für die Kategorien *wahr* oder *falsch* übernehmen will, dann sind *wir* gezwungen, es selbst zu tun. Unser Smartphone ist nicht nur unser Dauerstimmungsbarometer fürs Menschliche und Zwischenmenschliche. Sondern es ist auch unser Abstimmungsbarometer für Wahrheit und Fake.

Wir sind gezwungen, die Informationen zu bewerten, die wir, über welche Plattform auch immer, auf dem Handy sehen. Und zwar nach dem für uns einfach lebenswichtigen Raster *wahr* oder *falsch*, dem sich die Algorithmen verweigern. Wir müssen bewerten, ob es sich um einen echten Menschen oder einen Fake-Account handelt, wenn uns jemand eine Nachricht schickt. Wir müssen bewerten, ob es eine gezielte Falschinformation ist, die uns geschickt wurde, oder ob die Quelle vertrauenswürdig ist. Wir müssen bewerten, ob es nur eine Meinung unter vielen oder eine berechtigte Anfrage ist. Wir müssen bewerten, ob wir uns ein Skandalfoto oder einen Film von einem Terroranschlag wirklich antun wollen.

Aber – wir haben dafür kein wirkliches Instrumentarium. Wir wissen ja nicht mal, ob nur ein Algorithmus extra für uns diese speziellen News nach oben gesetzt hat, um uns zu bedienen, oder ob sie wirklich wichtig ist. Wir befinden uns also in einer sehr, sehr unsicheren Welt voller Informationen, deren Bewertung uns überfordert. Bernhard Pörksen bringt es auf den Punkt: „Man weiß zu viel diffus und zu wenig genau.“[122]

Weiter schreibt der Tübinger Medienwissenschaftler in seinem Buch „Die große Gereiztheit": „Der vernetzte Mensch ist auch deshalb in Unruhe und im Zustand des Verstörtseins, weil sich Gewissheiten heute vor aller Augen auflösen, weil der Marktplatz der Ideen und Wahrheiten – dieser ideal gedachte Raum des Öffentlichen, diese Sphäre des Arguments und des Abwägens – so offenkundig durchlässig geworden ist für Propaganda, für Manipulation und Fälschung, die man zwar erahnt, aber doch nicht wirklich dingfest zu machen vermag."[123]

- *Wie sicher fühlst du dich in deiner Wohnung? Am Arbeitsplatz? In der Stadt?*
- *Welche Schreckensnachrichten hast du heute gelesen? Was bereitet dir heute Sorge?*
- *Was hast du in diesem Monat alles verpasst?*

Wir werden gleich noch sehen, wie zudem der Blick eingefärbt wird durch eine Linsentrübung, die durch die schon angedeuteten Mechanismen der Nachrichtenverstärkung einsetzt. Für den Moment reicht es, sich in diese leicht aufgeheizte Stimmung hineinzufühlen, mitten in einer Welt, die alles – auch dich, auch mich – bewertet. Das Smartphone ist eben nicht nur eine Affektabbau-Maschine, wie wir es bei der Analyse des Möglichkeitssinns gesehen haben, sondern umgekehrt auch eine unglaublich effektive Affektproduktionsmaschine. Es schürt eine Art hysterische Wachsamkeit, eine labile Unsicherheit, die neben dem selbstverstärkenden Mechanismus der sogenannten Echo-Kammern auch mit dem Dauerbewerten zusammenhängt. Das Handy und die mit ihm verbundene digitale Maschine bringen uns in Wallung.

Obwohl wir das unterschwellig wahrnehmen, können wir nicht davon lassen – das liegt wiederum an unserem schon beschriebenen Jagdfieber, am Dopamin-Kick, an den mehr oder minder süchtig machenden Desire-Engines. Noch mal zur Erinnerung: Das Handy ist eine Dopamin-pumpe. Dieses „Glückshormon" Dopamin hat aber nicht nur die Eigenschaft, fröhlich zu stimmen. Es macht auch allgemein sensibel und erhöht zugleich die Empfänglich-keit für Angst. Zum Glücksempfinden gesellt sich auch die Sorge, das nächste Mal kein Glück mehr zu haben. Oder es zu verpassen. Und unsere Unsicherheit wird noch größer.

„FoMO", kurz für „fear of missing out", wird oft als erste Social-Media-Krankheit bezeichnet und schaffte es schon 2013 in den Oxford Dictionary. FoMO wird de-finiert als die „Angst, dass derzeit ein spannendes oder interessantes Ereignis an anderer Stelle stattfinden kann, oft geweckt von Beiträgen in den Social Medien"[124]. Die-ses Gefühl gibt es in unterschiedlicher Intensität, logisch. Mehrere Studien zeigen, dass das Handy auch auf diese Weise das Gefühl Unsicherheit fördert, zum Beispiel das Gefühl, ständig falsche Lebensentscheidungen zu treffen, weil es ja noch andere Optionen gäbe. Weitere Symptome sind: „Beständige innere Unruhe, Hetzen von Ereignis zu Ereignis, der ständige Blick auf die Uhr und die Sorge, man könnte woanders etwas verpassen, sowie die Einbuße der Fähigkeit, Dinge zu genießen"[125].

Der Psychiater und Psychotherapeut Jan Kalbitzer un-terscheidet zwei grundlegende Modi des Menschen, sich in der Umgebung wahrzunehmen und zu bewegen. Auf der einen Seite steht das Gefühl, *sicher* zu sein. Dieses Gefühl ermöglicht erst Differenzierungen. „Wer die Umwelt – zu Recht oder zu Unrecht – als *sicher* empfindet, wird tendenziell gelassener", schreibt Jan Kalbitzer. Er kann sich auf die direkte Umgebung konzentrieren, kümmert sich nicht so sehr darum, „welche ‚äußeren' Kriterien soziale Interaktionspartner erfüllen, solange sie freundlich gesinnt sind und kein akuter Grund besteht, sich von ihnen bedroht zu fühlen"[126]. Wer sich sicher fühlt und in diesem gelassenen Modus unterwegs ist, wird die Menschen nicht anhand pauschaler Merkmale einteilen (wie Geschlecht, Hautfarbe oder Ethnie). „Stattdessen wird das Gegenüber entsprechend seiner individuellen Eigenheiten und seines aktuellen Verhaltens eingeschätzt; und auch das eigene Verhalten in Reaktion auf die anderen fällt differenzierter aus."[127]

Wenn aber unsere Umwelt tendenziell als bedrohlich wahrgenommen wird, dann schalten wir, so Jan Kalbitzer, in einen anderen Modus, indem Konkurrenz und Abgrenzung wichtiger sind als Empathie. Unser Verhalten verändert sich – unbemerkt: „Die Aufmerksamkeit richtet sich nun nicht mehr so sehr auf die Dinge im direkten Umfeld, sondern schweift umher, immer bereit, auch kleinste, unspezifische Reize zu registrieren, damit einem auch ja keine potentielle Bedrohung entgeht."[128]

Differenzierungen sind dann nicht mehr so einfach möglich. Dieses Gefühl verstärkt aber wiederum unsere Einteilung der Umgebung und der Menschen nach dem Muster hopp oder top, schwarz oder weiß, gut oder schlecht, Freund oder Feind. Wahr oder falsch – wieder sind wir im Zugzwang. Ein Teufelskreis also.

In diesem Modus der Unsicherheit scheint es ums nackte Überleben zu gehen. In diesem Modus konzentrieren sich Menschen auf ihre unmittelbaren Bedürfnisse, so Jan Kalbitzers Analyse weiter. „Sie streiten sich häufig wegen Kleinigkeiten, weil im Impuls der Wut die langfristigen Folgen weniger wichtig erscheinen. Das kann in der Tat ein überlebensnotwendiges Verhaltensmuster sein, wenn man sich wirklich in einer bedrohlichen Situation befindet."

Allerdings liegt allem ja ein Illtum zu Grunde. Der Irrglaube, das Leben ließe sich nach wisch und weg, wahr oder falsch, hopp oder top, Freund oder Feind, eins oder null sortieren. Das Leben ist immer unscharf. Und wir leben in einem sehr sicheren Land, auf einem friedlichen Kontinent und können hoffen, dass es nach der Pandemie so bleibt. Viele agieren also völlig unangemessen, ohne es zu bemerken – und dann erst wird es wirklich gefährlich.

8. Die Dunkellinse

Nur eine schlechte Nachricht ist eine gute Nachricht. So heißt die altbekannte Maxime der Nachrichtenmacher. Wo nichts passiert, schaut niemand hin. Wenn alles gut ist, gibt es nichts zu berichten. Nur der extreme Glücksfall wird wieder eine Nachricht. Dann muss es schon der Lottogewinn sein.

Was Schlagzeilen macht: Instinkt der Negativität

Schlagzeilen machen Unglücke, Streitigkeiten, Schurken und Tyrannen, Kriege und Hungersnöte, Missstände, Gemeinheiten, Betrügereien, Prozesse, Mord und Totschlag. Was „passiert", ist nie das, was so im Laufe eines Tages insgesamt geschieht. Wenn etwas „passiert ist", dann ist etwas Schlimmes gemeint. So funktioniert unsere Aufmerksamkeit. So funktionierte auch bisher schon die von seriösen Journalisten gemachte Tageszusammenfassung dessen, was „passiert" ist, die wir noch mehr oder minder „gemeinsam" in den abendlichen Nachrichten-Sendungen zu sehen bekamen oder in der Tageszeitung lesen konnten.

Der schwedische Gesundheitswissenschaftler Hans Rosling hat viele Jahre Fakten gesammelt, um gegen eine zumindest zum Teil auch durch die Mediennutzung entstandene pessimistische Weltsicht vorzugehen. Ins selbe Horn stoßen der amerikanisch-kanadische Kognitionswissenschaftler Steven Pinker oder der deutsche Trend- und Zukunftsforscher Matthias Horx. Ihre Beobachtung:

Offenbar haben wir Menschen eine Vorliebe fürs Schreck-liche, einen Hang zur Alarmbereitschaft. Vielleicht war das in einer Zeit, in der die Instinkte tagtäglich über-lebenswichtig waren, eine entscheidende Fähigkeit. In der Psychologie gibt es ein Wort dafür, das heißt „Negativ-bias", eine „negative kognitive Verzerrung". Was bedeutet, dass wir Schlechtes viel deutlicher wahrnehmen als Gutes oder an Misserfolgen viel länger knabbern, als wir uns über Erfolge freuen.

Medien haben Regeln: Annäherungen an die Wahrheit

„Was irritiert an Schlagzeilen wie diesen?", fragt der Jour-nalist Martin Spiewak. „„Gerechtes Land: Nur 16 Prozent der Deutschen fühlt sich benachteiligt' – ‚Todesstrafe stirbt aus: Immer mehr Staaten schaffen sie ab' – ‚Weniger Elend: Zahl der Menschen in extremer Armut gestern um 137.000 gefallen'." Seine Antwort ist: Alle diese Überschriften sind wahr. Dennoch sind sie nie in Deutschland als Schlagzeile erschienen. Getitelt wird, was nach Krise klingt.

Ein besonders witziges Beispiel: Seit Jahren macht im Sommer Schlagzeilen, dass unsere Kinder – angeblich – immer weniger gut schwimmen können. „Deutsch-land wird zum Nichtschwimmerland", so klingt das im Schlagzeilendeutsch. Tatsache ist aber, dass die Zahl der Ertrinkungstoten hierzulande stetig zurückgeht, von 1119 Toten im Jahr 1970 auf 404 im Jahr 2017.[129] Wie passt das zusammen? Nun, dem Alarm, immer weniger Kinder könnten schwimmen, liegt eine Pressemitteilung des DLRG zugrunde, indem „Schwimmen können" gleichgesetzt wird mit „Schwimmabzeichen ablegen".

Tatsächlich ist die Zahl der erworbenen Schwimmabzeichen zurückgegangen. Der Rest ist düstere Deutung. Die uns aber plausibel erscheint. Warum? Weil es zu unserem Negativbias passt. Hans Rosling nennt das den „Instinkt der Negativität". Wenn wir unsere Welt aus tendenziell desaströsen Meldungen zusammenbauen, bauen wir auch an dem Negativbias weiter. Rosling findet drei Gründe: erstens eine „unzutreffende Erinnerung an die Vergangenheit" – sprich, die Meinung, früher war alles besser; zweitens eine „selektive Berichterstattung durch Journalisten und politische Aktivisten", die sich unbewusst auf negative Schlagzeilen konzentrieren; und drittens „das Gefühl, dass es hartherzig und gewissenlos wäre, von Verbesserungen zu sprechen, solange es immer noch schlimme Dinge gibt"[130].

- *Google mal das Wort „Krise". Und dazu „Schlagzeilen".*
- *Was ist eine Klempner-Krise? Was steckt hinter der Osterhasen-Krise? Wo liegt das Schnee-Krisengebiet?*

Weil wir schon viel vom Krisenmodus gelesen haben, erscheint uns jede weitere kleine und große Krise als logische Folge und nachvollziehbar. Jede Journalistin und jeder Leser, jede Hörerin und jeder Zuschauer, die von den weiteren Entwicklungen berichten oder mehr wissen wollen, bringen das Neue fast schon automatisch in diesen großen Krisenkontext. Wir haben einen dunklen Filter aufgelegt. Trendforscher Matthias Horx spricht davon, dass etwas in uns ständig am „Untergangsmythos" weitererzählen will.[131]

Wenn wir die Welt ringsum, nicht nur die Welt der Nachrichten aus der Politik, zunehmend durch unser digitales Welt-Auge wahrnehmen, verändert sich unser Lebensgefühl noch einmal um einige Verdüsterungsgrade. Unsere Tendenz der Alarmbereitschaft wird, seit wir mit dem Smartphone zusammengewachsen sind, ständig gesteigert und befeuert. Wenn wir durchs Smartphone in die Welt blicken, nehmen wir teil an einem ungehemmten Kampf negativer Schlagzeilen um Aufmerksamkeit.

Alle Medien bilden Realität nicht einfach ab, sondern konstruieren im Beschreiben Realität, indem sie auf bestimmte Dinge fokussieren. Hinter Nachrichten stehen (meist noch) Menschen, die, auch wenn sie noch so sachlich berichten wollen, eine bestimmte Haltung haben. Sie werten, sortieren vor, ordnen ein und fassen ihre Erkenntnisse in Worte. Der englische Kommunikationswissenschaftler David Buckingham nennt das Ergebnis „Repräsentation". Medien „repräsentieren" Realität, sie bilden sie nicht ab. Wichtig: Das hat nun wirklich nichts mit dem auf Destabilisierung des Systems setzenden Vorwurf der „Lügenpresse" zu tun. Sondern damit, dass man sich an die „Wahrheit" eines Ereignisses immer nur annähern kann, und dies desto besser, je mehr Perspektiven, Zeugen und Parameter man mit einbezieht.

Der Journalismus hat, damit das gelingt, über Jahrzehnte ein wichtiges Instrumentarium entwickelt, Dinge wie Menschen „gerecht" zu „repräsentieren". Zum Beispiel die Maxime, immer mehrere Quellen dem Bericht zugrunde zu legen. Diese Quellen auch benennen zu können. Verschiedene Meinungen zu einem kontroversen Thema zu Wort kommen zu lassen. Die eigenen Arbeitsweisen offenzulegen und nachvollziehbar zu machen. Möglichst selbst vor Ort zu sein, um sich ein eigenes Bild machen zu können. Proporz zu wahren und nicht aus einer Mücke einen Elefanten zu machen. Den Kontext zu berücksichtigen und die Sache entsprechend einzuordnen. Und klar zwischen Bericht und Meinungskommentar zu trennen.

Wenn das Handy mehr und mehr die Zeitung oder die Nachrichtensendungen ersetzt – und überhaupt das, wofür es Journalisten braucht, die einmal die vierte Gewalt im Rechtsstaat genannt wurden –, ändert sich mehr als das Format. Selbstverständlich kann jeder auch weiterhin übers Smartphone klassische Fernseh-Nachrichten streamen oder klassische Nachrichten-Sendungen live oder als Podcast hören oder klassische Tageszeitungen lesen, nur eben individualisierter und unabhängiger. Aber die meisten Nachrichten erreichen uns per Smartphone auf andere Weise, in einem neuen Format, nämlich als Bild-, Film- und Text-Bruchstücke. Als Mini-Ausschnitte. Ein neues Wort dafür in der Branche heißt „granular".

Mit dem neuen granularen Format wandelt sich nicht nur die Erzählweise, sondern auch das, was erzählt wird und wie wir das Erzählte aufnehmen. Es wird in Portiönchen erzählt und aufgelesen. Die „Themen des Tages" und die „Welt" gibt es dann nur noch in Einzelteilen. Ein solches digitales Nachrichten-Granulat besteht in der Regel aus vier Bausteinen: Bild, Schlagzeile, die kompakte Nachricht in ein bis zwei Sätzen und wenn man tatsächlich weiteres Interesse zeigt und noch einmal klickt, existiert die Nachricht auch noch in etwa fünf Sätzen.

Der Münchner Komiker Karl Valentin hat sich bekanntlich darüber gewundert, dass jeden Tag genau so viel passiert, wie in die Zeitung passt. Heute muss man sich darüber wundern, dass jeder Sachverhalt so simpel ist, dass er in Bild, Schlagzeile und zwei Sätze passt. Denn oft genug lesen wir nur den Teaser-Text, also vielleicht

250 Zeichen, und klicken uns gar nicht weiter hinein in einen Artikel – das widerspräche unserem Wisch-Welt-Reflex. In diesen ersten zwei Sätzen muss daher, oberste Regel für Online-Journalisten, schon *alles* stehen. Zudem muss es „SEO-optimiert" sein, sprich: so formuliert sein, dass die Suchmaschinen – allen voran Google – den Text gut finden und einsortieren können.

Nachrichten sind natürlich aber stets komplexer, haben eine Vorgeschichte, einen Kontext, einen Ort, eine Absicht usw. In den granularen Systemen der Apps hat all das keinen Raum mehr. Der Präsident hat gesagt. Frankreich will etwas. Russland plant. 50 Tote bei. Mord in.

Smarte Nachrichten: Wenn die Geschichte und die Erzähler verschwinden

Granulare Nachrichten müssen sich auf einen einzigen Gedanken fokussieren. Mehr passt nicht rein. *Ein* Tweet des US-Präsidenten. *Ein* Kommentar eines Wirtschaftsweisen. *Ein* falsches Wort des Papstes. *Eine* Zahl einer Studie. *Ein* Ergebnis einer Umfrage. Dadurch verschwindet die Geschichte dazu. Und dadurch werden die grundlegenden Regeln des journalistischen Berichtens immer wieder verletzt. Es geht nicht anders. Es ist die Macht des Formats. Ein solcher Schnipsel erscheint dann aber kaum anders als die vielen kleinen subjektiven Posts der vielen, die im Netz unterwegs sind. Die Qualitätspresse, so die Theologin und Medienethikerin Johanna Haberer, „wird in die Rolle von Politikakteuren gedrängt, statt Foren der vielstimmigen Debatten zu sein. Nachricht, Bericht und Kommentar, ehemals klar definierte Perspektiven im medialen Diskurs, verschwimmen"[132].

Es verschwindet auch derjenige, der bislang die Geschichte erzählt hat, die Journalistin oder der Journalist mit Fachwissen und Beobachtungsgabe. Insinuiert wird freilich, es würden doch die „nackten" Fakten vermittelt, und das sei ja schließlich „das Wichtigste".

Tatsächlich wird ja – unabhängig von granularen Nachrichtenschnipseln – vor allem in den zahlengesättigten Ressorts wie Wirtschafts- oder Sportnachrichten schon länger mit computergenerierten Nachrichten gearbeitet, Bots werten Umweltbelastungsdaten aus und generieren Artikel oder erstellen Wetternews. Und sie überzeugen die Leser. In einem Test der LMU München um Andreas Graefe wirkten computergenerierte journalistische Texte sogar fürs Publikum „glaubwürdiger"[133]. Als ein Grund wird aufgeführt, dass automatisch erstellte Texte voller Zahlen sind, bis zur zweiten Dezimalstelle genau. So etwas beeindruckt offenbar.

Doch noch einmal: Die nackten Fakten an sich gibt es nicht. Selbst Messdaten müssen interpretiert werden. Worte, Zahlen, Einschätzungen, Meinungen müssen zu einem Bericht verbunden werden. Das ist im Handy-News-Modus jetzt *unsere* Aufgabe, die Aufgabe des Handy-Menschen. Die Handynews erscheinen uns in den Apps kontextlos, wir, die User, müssen uns unseren Reim darauf machen.

Klingt auf den ersten Blick emanzipatorisch, bedeutet aber meist das Gegenteil. Genau dafür gab es ja mal Journalisten. „Öffentlichkeiten, die durch Kompetenz und Expertentum zusammengebunden waren", schreibt Matthias Horx, können jetzt „auseinandergerissen werden. Das unterstützt das Einengen von Interessen – es ist leicht, sich nur noch für das zu interessieren, was man schon kennt. Statt Individualisierung von Wissen entsteht so eher eine Atomisierung von Wissen. Aber ‚wahres Wissen‘ ist immer auch etwas Soziales; ein Muster, das man mit anderen Menschen teilt.“[134]

Wenn wir in der Pflicht sind, uns die Wahrheit selbst zusammenzureimen, entstehen viele kleine Wahrheiten. Der eigene begrenzte Standpunkt wird dann leicht verwechselt mit *Wahrheit*. Dabei ist es nur *meine Wahrheit*.

Der entfesselte Skandal: Jeder mischt mit

Dazu kommt etwas, was die „Umkehr der Fließrichtung“ genannt wird. In analogen Zeiten haben die „Nachrichtenmacher“ (gern werden sie auch als Gatekeeper, also Türsteher, bezeichnet) ausgewählt und dadurch bestimmt, was gesendet und gesehen wurde, über was diskutiert wurde. Das mag aus heutiger Sicht bevormundend klingen, hat aber, wo es Pressefreiheit gibt, auch Vorteile. Heute reicht ein einziger Tweet eines einzelnen Menschen, um – übrigens egal, wie viel Wahrheitsgehalt in der Nachricht steckt – unter bestimmten Bedingungen millionenfach verbreitet zu werden und auch den klassischen Medienhäusern ein Thema aufzuzwingen. Man muss „aufspringen“. Und wenn es nur deswegen ist, um auf diese Weise getwitterte Fake-News richtigzustellen. Bernhard Pörksen und Hanne Detel haben die neue Macht des Einzelnen (etwa des Bloggers) ausführlich in ihrem Buch „Der entfesselte Skandal“[135] analysiert.

Jede und jeder von uns können heute – ohne Gate-keeper – etwas in die mediale Öffentlichkeit stellen – und das kann sich dann *blitzschnell* verbreiten. Es lässt sich *barrierefrei* weltweit verteilen – ohne Umweg Redaktion und Medium. Und es *verliert*, wenn es geteilt wird, *den Bezug* zur ursprünglichen Quelle und zum Ur-Kontext, kann neue Bedeutung erlangen und sogar ins Gegenteil verkehrt werden, ohne dass der ursprüngliche Absender noch Einfluss darauf hätte.

Durch die Umkehr der Fließrichtung muss man auch gar nicht mehr „prominent" sein, um Opfer neuer kollektiver Empörung zu werden, es kann dich und mich treffen. Echte Missstände und krude Behauptungen haben die gleiche Chance, ganz groß herauszukommen. „Interessantheit" ist wichtiger als „Relevanz", das Publikum selbst agiert als „Taktgeber der Skandalisierungsprozesse"[136]. Ohne es direkt zu wollen, machen aber auch die klassischen Medien mit – sie müssen, um up to date zu sein: „Klassische Leitmedien, etablierte Onlinemedien, Blogger und eine sich aggressiv gebärdende Opposition agieren aller möglichen *prinzipiellen* Animositäten zum Trotz *faktisch* kooperativ."[137] In der Corona-Krise hat man das schnell gemerkt: Da die Bilder aus Bergamo, Madrid oder New York schneller und vor allem einprägsamer waren als die Verbreitung des Virus selbst, haben sie nicht nur die Medienlandschaft, sondern auch die Politik beeinflusst.

Wenn wir aber alle immer und überall per Handy Beobachter, Kommentatoren und Berichterstatter sind, dann brauchen wir alle auch das Handwerkszeug, das ursprünglich nur Journalisten lernen mussten, meint Bernhard Pörksen. Er entwirft deshalb die Utopie einer „redaktionellen Gesellschaft". Was heißt, dass die Normen und Prinzipien des Journalismus uns allen so in Fleisch und Blut übergehen, dass wir sie ebenfalls stets anwenden, wenn wir zum Smartphone greifen. Um den öffentlichen Raum zu retten. Oder zurückzuerobern.

In Schulfächern, in der Ausbildung und im Studium müssten wir diesem Entwurf entsprechend lernen, uns an der „Wahrheit" zu orientieren, sprich: nachzudenken, bevor wir etwas teilen oder kommentieren; die Gegenseite anzuhören, bevor wir eine Behauptung posten; mit der eigenen „Informationsblase" zu rechnen. Wir müssen die gesunde Skepsis mitbringen, die jeder Journalist braucht, wenn er sich mit einem Gesprächspartner trifft: Welches sind dessen Beweggründe, was will er mir „verkaufen", welche Intentionen stehen dahinter? Wir müssten das für den gesellschaftlichen Diskurs unverzichtbare Prinzip berücksichtigen, auch die andere Seite anzuhören und sie nicht zu diffamieren. Wir müssten uns verpflichten, auch die eigenen Quellen und Erkenntniswege offenzulegen, sich über Relevanz und Proporz des Themas bewusst zu werden. „Gib deinem Publikum", so Pörksen, „jede nur denkbare Möglichkeit, die Qualität der von dir vermittelten Informationen einzuschätzen!"[138]

Meditation der Hölle: Der Sog der isolierten Nachricht

So weit aber sind wir noch nicht. Wenn wir Nachrichten als Granulat übers Handy konsumieren und weiterteilen, klicken wir auf das, was unsere Aufmerksamkeit als Erstes auf sich zieht. Das werden oft Krisenbilder sein. Die wiederum isoliert und konzentriert wurden, damit sie schnell wahrnehmbar und teilbar sind. Sie werden dann noch verlinkt mit anderen News-Partikeln, die Ähnliches zum Thema haben. Wir können uns also bequem weiterklicken zur nächsten Katastrophe. Ein Krisenbild vermittelt dann oft genug keine wirkliche Information mehr, sondern nur ein diffuses Unsicherheitsgefühl.

Durch die granulare Reduktion wird aus politischen Prozessen mit vielen Akteuren und verschiedenen Bewertungen so etwas wie „Theater". Denn die Reduktion (zwei Sätze pro Szene) legt eine Konzentration auf wenige handelnde Personen (Protagonist und Antagonist) nahe. Eine Folge kann sein, dass wir wie in einer Daily Soap nur einigen wenigen „Köpfen" in der Medienwelt „folgen". Zum Beispiel folgen wir den Aussprüchen und Tweets eines US-Präsidenten. Wir warten schon auf den nächsten Spruch. Manchmal ist es dann richtig „schade", auf die „nächste Folge" des Polittheaters noch warten zu müssen. Der Kontext dieser personifizierten Daily Reality Soap kann völlig ausgeblendet bleiben, weder die Situation in den USA und die dortigen Reaktionen auf den einen oder anderen Ausspruch müssen berücksichtigt werden noch das Zusammenspiel mit anderen Äußerungen auf dieser Welt zu diesem oder ähnlichen Themen. Und wenn ich will, kann ich mich auf solche Weise in eine Art Rausch von Unglück zu Unglück klicken, ohne dass ich wahrnehme, dass im Kino am selben Tag ein neuer Film bejubelt wurde oder dass es neue interessante medizinische Fortschritte gab. Die Kieler Theologin Sabine Bobert bezeichnet das als „Meditation der Hölle".[139]

Wenn wir uns durch diese granular präsentierten Mini-Nachrichten-Schnipsel geklickt haben, dann haben wir am Ende noch ein sehr viel düstereres Zerrbild von der

Welt. Wir drehen uns im Katastrophenkarussell. Wir reagieren zuverlässig auf besonders schrecklich klingende Überschriften. Wir klicken dorthin, wo wir die nächste Schreckensmeldung oder den nächsten Aufreger erwarten, und lassen uns geschmeidig von dort zum nächsten leiten. Unbewusst stellen wir uns ein persönliches, schwer- bis unverdauliches Tagesmenü zusammen.

Gemeine-Welt-Syndrom: Ach, ist es nicht schrecklich

Dieses Menü hat nie ein Ende. Es ist eine Schüssel ohne Boden. Anders als die Zeitung hören die granularen Zutaten unseres persönlichen Nachrichtenmenüs per Smartphone nie auf, es gibt infiniten Nachschub. Das kann das Gefühl zusätzlich verstärken, die Welt sei bodenlos schlecht. Für so eine psychische Grundeinstellung gibt es einen Begriff, er stammt von dem Kommunikationswissenschaftler George Gerbner und heißt: „Gemeine-Welt-Syndrom".

All diese Personen, die wir mit in unserer Tasche tragen, all die Unglücke, auf die wir über unser Smartphone mal eben zwischendurch hingewiesen werden, all die provozierenden Sätze, die uns aus dem Handy entgegenschreien, haben eins gemeinsam: Wir können nicht sinnvoll darauf reagieren, reagieren aber trotzdem darauf. Indem wir eben sagen: „Ach, ist es nicht schrecklich?!" Oder indem wir unseren Frust laut mitteilen und schimpfen. Das Handy produziert dann ein Dauergefühl von „Die Welt ist schrecklich" – zusätzlich verbunden mit dem Empfinden „Da kann man sowieso nichts machen".

Wir können so den ganzen lieben langen Tag mit dem Smartphone vor der Nase das Spiel „Ach-ist-es-nicht-schrecklich" spielen, eines der Spiele, die der Psychiater und Gründer der Transaktionsanalyse Eric Berne als „Spiele der Erwachsenen" beschrieben hat.[140] Wenn es bei Interaktion zwischen Menschen um Aufmerksamkeit geht, dann ist auch das „Ach-ist-es-nicht-schrecklich"-Spiel gewinnbringend: Die Spieler gewinnen jede Menge „negative Aufmerksamkeit" in Form von schlechten Gefühlen. Wir können uns auf diese Weise den ganzen Tag über im Schlechtfühlen suhlen und merken nicht, dass es nur eine Art Ersatzbefriedigung für echte Beziehungen und echte Kommunikation ist – und außerdem nicht stimmt.

Aushalten: Schlecht und besser

Manche Redaktionen sind sich dessen inzwischen bewusst geworden. In Skandinavien entstand das Konzept des „konstruktiven Journalismus". Dabei möchte man einer zu sehr aufs Negative fixierten Berichterstattung entgegenwirken, indem man zum Beispiel Lösungsansätze für die Probleme des Tages, für die Unglücke und Schandtaten mitliefert. Auch in Deutschland haben sich inzwischen Redaktionen und Journalisten diesem Ansatz verschrieben oder bauen gezielt „die gute Nachricht des Tages" mit in ihre Magazinsendungen ein. Es geht dabei natürlich keinesfalls darum, jede schlechte Nachricht mit einer guten aufzuwiegen. Oder gar die schlechten Nachrichten wegzulassen. Das würde ja nur zu neuen Verzerrungen führen – und am Ende wüsste man gar nicht mehr, ob man noch richtig informiert ist. Du und ich, wir müssen vielmehr den „Instinkt der Negativität" in den Griff bekommen – und das geht am einfachsten, indem wir mit ihm rechnen. Indem wir die negative Verzerrung sowohl in der Nachrichtenwelt als auch im eigenen Bewusstsein kennen und mit einrechnen. Wir sollten mit schlechten Nachrichten rechnen und wissen, es liegt am Genre „Nachrichten". So wie wir uns auch nicht wundern, dass im Genre „Gedicht" einzelne Worte aneinandergeklebt werden können, so als könnte einer nicht richtig sprechen.

Informationstremolo: Wir sind überall, nur nicht bei uns

Die Flut an Nachrichten, die wir erleben, deutet eben nicht zwingend darauf hin, dass die Welt tatsächlich schlechter geworden sein muss. „Mehr Nachrichten bedeuten nicht mehr Leid. Dass negative Nachrichten zunehmen, liegt manchmal auch daran, dass Not und Leid aufmerksamer zur Kenntnis genommen und verfolgt werden."[141] Man könnte hinzufügen: Die tägliche Veröffentlichung sowohl der (kumulativen!) Zahl der Corona-Infizierten als auch der Zahl der Corona-Toten sagt nur bedingt etwas aus über die reale Virus-Verbreitung, die Gefährlichkeit, Risikopatienten, tatsächliche Todesursachen – sie verbreitet vor allem eins: Angst.

Es braucht aber nicht Angst, sondern Abstand, um mit der Informationsflut zurechtzukommen. Es braucht die Ruhe zum Nachdenken. Es braucht Selbstbewusstsein. All das ist nicht leicht angesichts des Dauerbeschusses mit Informationen, die damit locken, dass sie für uns wichtig sein können. „Wir alle sind gewohnt", meint der Therapeut Georg Milzner, „Information als etwas Positives zu bewerten. Aber das ist ganz offenbar eine Bewertung, die unserer Zeit nicht mehr gerecht wird."[142] Und er fügt hinzu: „Ein mit Informationen zugeschüttetes Gehirn wird schlicht unfähig sein, Relevantes von Irrelevantem zu trennen und Wahrheit von Fake zu unterscheiden."[143]

Jede Information bedeutet für uns Stimulation, und wenn wir uns durch das Gefühl, in einem Informationsfass ohne Boden nach für uns Verwertbarem zu fischen, dauernd von außen stimulieren lassen, überhören wir nach dem Gesetz der begrenzten Aufmerksamkeit andauernd Informationen *aus unserem Inneren.* Wir drohen uns *selbst* zu verlieren. Wir hören uns offenbar oft genug nicht mehr. Dafür hören wir lauter Schnipsel von Leuten, die uns im Grunde nichts sagen. Wir hören Unkenrufe, wo sie nicht nötig sind. Wir sehen die Welt durch eine Dunkellinse, wo sie es gar nicht ist. Wir lassen uns, weil wir verinnerlicht haben, ein Plus an Information sei ein Plus fürs Leben, aus dem inneren Gleichgewicht bringen. Ein klassischer Illtum.

9. Hornhaut auf der Seele

Du bist an einem Ort oder in einer Situation, in der Au-
ßerordentliches zu erwarten ist. Dein Kind will die ersten
Schritte machen. Großartige Wellen am Strand locken.
Ein Schwarm Vögel am Himmel in atemberaubender
Formation. Ein Wiedersehen unter Freunden nach Jahren.
Ein überwältigender Sonnenaufgang. Ein urkomischer
Witz. Eine saulustige Frisur. Was auch immer. Und du
hast das Bedürfnis, all das festzuhalten, zückst daher dein
Smartphone und fotografierst und filmst, nicht nur ein-
mal, sondern womöglich sogar immer wieder während
des Geschehens, um den besten, nein, den allerbesten
Moment zu erwischen. Die Konsequenz ist allerdings: Der
direkte Moment, das unmittelbare Erleben sind futsch.

Die Wirtschafts- und Organisationspsychologin Sarah
Diefenbach hat sich gemeinsam mit Daniel Ullrich, der
über intuitive Interaktion und das Zusammenspiel von
Mensch und Maschine geforscht hat, Gedanken über die
Frage gemacht, wie das Handy mit seinen Apps unser
Glücksempfinden beeinflusst. Rutschen wir gar in eine
„digitale Depression"?[144]

Tausend Bilder: Kein Augenblick

Du kannst dich nicht gleichzeitig himmelhochjauchzend
darüber freuen, dass dein Kind die ersten Schritte seines
Lebens tut, und es gleichzeitig filmen. Du kannst nicht
gleichzeitig in die Wellen hüpfen, das Wasser spüren und

fotografieren. Du kannst nicht staunen über die Eleganz eines Vogelschwarms und gleichzeitig die beste Formation fürs Foto abpassen wollen. Du kannst nicht gleichzeitig den Moment des ersten Wiedersehens mit Freunden genießen und zugleich die Wiedersehensfreude auf dem Foto festhalten. Und du kannst nicht den Sonnenaufgang mit allen Sinnen durch den Körper rinnen lassen, wenn du alle 20 Sekunden die Veränderungen am blühenden Himmel festhalten willst. Und Situationskomik ist sowieso selten im Nachhinein witzig. Das alles ist logisch, doch trotzdem versuchen wir tagein, tagaus, das Gegenteil zu beweisen.

Wir „erfahren" dann das Erlebte durch die Brille der Foto-Video-App. Wir schieben etwas zwischen uns und die direkte Erfahrung. Es ist uns eine Art Hornhaut auf der Seele gewachsen, die die direkte Erfahrung abfedert.

Nachlese in der Galerie: Reflexion statt Erleben

Macht nichts, könntest du sagen, ich kann ja dafür das Erlebte immer und immer wieder anschauen, und das ist ja ein Zugewinn. Ich habe die tollsten, besten und lustigsten Momente ja dokumentiert. Ich kann nicht nur, ich *muss* es mir allerdings sogar später ausführlich anschauen, denn ich habe ja viel mehr fotografisch festgehalten, als ich wirklich in diesem Moment bewusst erlebt habe. Das Smartphone hat mehr von der Situation abgespeichert als ich selbst. Wenn die Handykamera mein Auge wird, mit dem ich meine Welt und Umwelt wahrnehme, dann wird meine eigene, leibhafte Wahrnehmung im Hier und Jetzt immer unwichtiger. Sie wird vernachlässigbar.

Wenn es etwas zu sehen gibt, fotografiere ich es zwar, aber das Eigentliche, was ich erfahren, was ich erkennen wollte, verschwindet in meiner Aktion. Ich sammle Foto um Foto während eines Ausflugs, eines Urlaubstags, einer Klassenfahrt, bin deshalb nie ganz vor Ort und habe hinterher nicht viel mehr als mein Handy vollgemüllt, denn wann, bitte schön, soll die Zeit kommen, all die Eindrücke und Schnappschüsse anzuschauen? Und umgekehrt: Wenn ich etwas *nicht* aufgenommen habe, wird es auch in meiner Erinnerung oder in meinen Erzählungen immer weniger bedeutsam werden.

Sarah Diefenbach und Daniel Ullrich kommen zu dem Schluss, dass „die Technik die Momenterfahrung immer stärker auf die Reflexionsebene verlagert. Wir reflektieren Erlebnisse anhand von Fotos, Blog-Posts und dem Austausch im WhatsApp-Chat. ... Das Erlebnis wird weit über den Erlebniskern ausgedehnt, sodass der Kern irgendwann verschwindend klein wird."[145]

Für dich geschossen: Dokumentation als Selbstzweck

Oft verbindet sich unsere Sammelwut damit, dass etwas erst zählt, wenn es erzählt wird. Dass es erst dann wirklich ein cooles Erlebnis und ein einzigartiger Gedanke war, wenn wir alles geteilt und damit anderen mitgeteilt haben.

- *Für wen fotografierst du? Für dich allein?*
- *Für wen sammelst du die besten Witze oder lustigsten Gifs und Filmchen? Für dich allein?*
- *Mit wem teilst du deine Sammlungen? Und auf wessen Reaktion wartest du insgeheim?*

Ich kann natürlich dadurch, dass ich so viele Fotos von wichtigen Momenten meines Lebens gemacht habe, auch andere daran viel besser und viel öfter teilhaben lassen. Die können dann sehen, was ich hätte sehen können, wäre ich nicht gerade beim Fotografieren gewesen.

Kollegen und Bekannte, ja auch ziemlich fernstehende Facebook-Freunde, können durch das, was sie mir online zeigen, lebendiger, menschlicher, kompletter und farbiger erscheinen. Aus einem Namen wird ein Gesicht. Aus einem Gesicht wird eine Geschichte. Und im Netz erlebt man sich auf Augenhöhe, vom Du zum Du. Hierarchien werden durchlässig. Funktionen verschwinden in dem Maße, in dem andere Persönlichkeitsanteile sichtbar gemacht werden. Ein wesentlicher Faktor für Glück ist bei den allermeisten das, was gern mit dem alten Wort Geselligkeit bezeichnet wird. Wir sind Gemeinschaftswesen, und es liegt uns daran, unsere Perspektiven mit anderen zu teilen. Das Glück des Augenblicks wird dem allgemeineren Glück geopfert, Teil einer irgendwie geselligen Gemeinschaft zu sein, der das Dokumentierte zur Verfügung gestellt wird. „Die Dokumentation wird zum Selbstzweck und verdrängt das Glück, das sich aus der Tätigkeit selbst ergeben könnte."[146]

Die Kehrseite: Was ich dokumentiert habe, wird vergleichbar. Gibt es noch bessere Fotos von anderen Leuten, die mit mir unterwegs waren? Wie kommentieren Freunde oder Social-Media-Freunde das Geschehen, das ich ihnen zeige? Unter welche Hashtags kann ich meine Fotos klassifizieren und sortieren, mit welchen müssen sie dadurch konkurrieren? Und so weiter und so fort. Und so prägt schon der Gedanke an die spätere Veröffentlichung die Situation selbst.

Auch das Veröffentlichen und unter einem Hashtag Einsortieren kann das eigene Erleben im Nachhinein noch relativieren. Nach dem Motto: Ach, die anderen haben das auch schon erlebt und bei denen sieht es womöglich besser aus! Sind wir also noch ganz da? Oder handelt es sich um einen klassischen Fall der Zersplinterung? Erreichen wir das Gegenteil dessen, was wir erreichen wollten, nämlich festzuhalten, was das Tolle am Leben ist?

Unendlich viel: ist nichts

Dieses Problem des ständigen Vergleichens haben wir auch durch die Dauerverfügbarkeit der ganzen Welt, nicht nur bei unseren zu Fotos geronnenen Erlebnissen. Es macht einen Unterschied, ob ich zehn Fotos oder tausend aus dem Urlaub habe, die alle irgendwie gut sind. Es macht auch einen Unterschied, ob ich eine einzige CD dabeihabe und anhören kann, oder ob ich mir prinzipiell alle aktuell verfügbaren Titel und dazu noch die der vergangenen sieben Jahrzehnte online anhören kann – allein die Qual der Wahl ist ja oft entsetzlich.

Dasselbe Phänomen können wir beobachten, wenn wir eine Datenbank von zigtausenden Filmen vorliegen haben. Welcher ist der beste Film für heute? Und hätte man nicht doch noch einen besseren wählen können …? Die Alternative ist zu sagen, alles egal, ich schau, was mir angeboten wird, durch meine praktischen Voreinstellungen (sprich durch den Algorithmus, der versucht, mir zu helfen) wird es schon nach meinem Geschmack sein. Ist der Genuss wirklich derselbe?

Durch die prinzipielle Verfügbarkeit von *allem Möglichen* wird *jedes Einzelne* entwertet. Und bei jedem Titel, jedem Film, jedem Bild steht zugleich die Frage im Raum, ob es nicht noch etwas Besseres gäbe. Ob ich den Titel nicht gleich mal vorzeitig abbrechen soll und zum nächsten weiterscrollen. FoMO lässt grüßen.

Dieses dauernde Vergleichen auf der Metaebene, auf unserer geistigen Planungsebene, legt sich auch zwischen uns und das direkte Erleben von Liedern oder Filmen, so wie es das Dauerdokumentieren des Lebens durch Foto und Video tut. Das kann den Genuss verhindern. Schon vor fast 20 Jahren hat der Philosoph und Physiker Stefan Klein in seinem Buch „Die Glücksformel"[147] darauf hingewiesen, dass Menschen offenbar so ticken, dass „immer mehr" gleichbedeutend mit „immer besser" ist, auch wenn dieses „immer mehr" gar nicht wirklich mehr bringt. Das Smartphone in unserer Hand ist auch eine Immer-mehr-Maschine, die genau diesen unbewusst ablaufenden Mechanismus befördert. Dabei passiert aber eher das Gegenteil von dem, was wir uns versprechen. „Immer mehr" bedeutet eben meist nicht immer besser, sondern entwertet das, an dem wir uns eigentlich erfreuen dürften.

Scheinbar unbegrenzte Angebote werden Infinity-Apps genannt. Apps der Unendlichkeit. Alexander Markowetz beschreibt das Paradox, das sich aus eigentlich paradiesischen Verhältnissen für unser Erleben ergibt, folgendermaßen: „Der Druck, alles zu konsumieren, was da feilgeboten wird, ist immens. Das ist vergleichbar mit einem All-you-can-eat-Buffet. Wir haben das Gefühl, möglichst viel essen zu müssen, einfach aus dem Grund, weil gerade so viel im Angebot ist." Das Ergebnis, das jeder gut nachvollziehen kann: „Wir stopfen uns voll. Auch wenn wir eigentlich schon satt sind. Leider müssen wir aber auch verdauen."[148] Im Fall der unbegrenzten Angebote, die wir durchs Auge unseres Handys betrachten, ist es nur eben nicht unser Magen, den wir überdehnen, fügt Markowetz hinzu, sondern unser Geist.

Hinter Panzerglas: Ich und Du

Wie nehmen wir die Welt wahr? Wie nehmen wir das Gegenüber wahr? Wie nehmen wir uns wahr? Einer der schönsten Sätze zur Menschwerdung stammt vom Religionsphilosophen Martin Buber und ist sehr berühmt. „Der Mensch wird erst am Du zum Ich." Die bange Frage: Wird er ein anderes Ich, wenn das Du sich ihm primär hinter Panzerglasfolie zeigt? „Der Kontakt über Lautsprecher und Bildschirme – egal ob per E-Mail oder Skype, Facebook oder Chatroom, Smartphone oder PC – kann die reale Begegnung zwischen Menschen nicht ersetzen, denn es unterbleiben alle direkten sinnlichen Erfahrungen", schreibt Manfred Spitzer. „Bei jungen Menschen kommt hinzu, dass sich soziale Gefühle, Fähigkeiten und Fertigkeiten – alles zwischen Empathie und Demokratie – nur im lebendigen Miteinander lernen lassen."[149] Trotzdem versuchen wir, immer mehr sinnliche Erfahrungen auch oder sogar vor allem durchs Handy auszuleben; wir haben durch *social distancing* sogar gelernt, wie wir über einen längeren Zeitraum Schule, Arbeit und Freundschaft ins Digitale verlegen. Die Frage dabei ist: Gewöhnen wir uns daran, dass wir die Defizite, die wir vielleicht zu Beginn gespürt haben, gar nicht mehr wahrnehmen?

Die schon erwähnte Psychologin Sherry Turkle[150] hat ziemlich ernüchternde Ergebnisse aus Vor-Corona-Zeiten darüber vorgelegt, was passiert, wenn man die direkte Begegnung nicht mehr erlernt. Die Empathie – das Einfühlungsvermögen – nimmt ab. Denn Handy-Kommunikationen etwa per Messenger-Dienst sind oft gar keine Gespräche im eigentlichen Sinn mehr. Es fehlt die Präsenz des Gegenübers, der Blick, die Körpersprache, spontane Reaktionen, das Interagieren, das Lesen dessen, was der andere meinen könnte, wie der andere sich fühlt und noch vieles mehr. Eine Empfehlung Turkles ist deshalb die radikale Einrichtung von handyfreien Zonen und handyfreien Tätigkeiten – kein Handy beim Spazierengehen, auf dem Spielplatz, beim gemeinsamen Essen usw.[151]

„Das Du begegnet mir", schreibt Martin Buber weiter. „Aber ich trete in die unmittelbare Beziehung zu ihm. So ist die Beziehung Erwähltwerden und Erwählen, Passion und Aktion in einem."[152] Eine leibhaftige Begegnung verläuft anders, sie geschieht gleichzeitig, ineinander verflochten, nicht nacheinander und zerdehnt. Martin Buber weiter: „Das Grundwort Ich-Du kann nur mit dem ganzen Wesen gesprochen werden. Die Einsammlung und Verschmelzung zum ganzen Wesen kann nie durch mich, kann nie ohne mich geschehen. Ich werde am Du; Ich werdend spreche ich Du. Alles wirkliche Leben ist Begegnung."[153]

Die smarte Variante überzeugt uns dennoch derzeit mehr. Sie programmiert uns regelrecht um. Wir verhalten uns dann oft genug nicht mehr so, wie es fürs Leben im Hier und Jetzt Sinn machen würde, sondern nach der digitalen Logik. Als wären wir infiziert von einem digitalen Virus.

10. Der Daten-Virus

Kein Anti-Virus-Programm erfasst es. Wir merken es in der Regel selbst nicht. Wir sind befallen von einer Seuche, die man zum Beispiel Dataismus nennen kann. Das Smartphone mit der digitalen Logik dringt in uns ein wie ein Virus. Nicht nur wir selbst beginnen „fürs Smartphone" zu leben. Wir organisieren nicht nur unser Innenleben um. Sondern auch unsere Umwelt.

Ein Virus hat die Fähigkeit, dass es, wenn es einmal in eine Körperzelle eingedrungen ist, diese dazu zwingt, nicht mehr für das Insgesamt und Wohl des Körpers zu arbeiten, sondern für sich. Die Körperzelle beginnt die RNA des Virus zu replizieren und nicht mehr die des Organismus.

Die Umstrukturierung unserer Orte und Landschaften nach der Logik eines technischen Virus haben wir schon hinter uns. Diese Seuche hieß Automobilität. Jetzt kommen unsere Häuser und unser Innenleben dran, unsere Wohnungen und unsere Herzen. Im Spiegel des schon länger grassierenden Virus Auto können wir sehen, wie ein solches geistiges Virus funktioniert, und deswegen will ich zunächst das Phänomen im schon abgeschlossenen Prozess einmal durchspielen. Denn das Auto hat uns dazu gebracht, unsere gesamte Umwelt zu entmenschlichen und stattdessen zu automobilisieren. Kurz noch einmal ein Kontrastmittel gespritzt, bevor wir uns um das Internet der Dinge, Datafizierung und Quantifizierung kümmern!

Tief in uns: Die Motorisierung der Fortbewegung

Eindrücklich hat Hermann Knoflacher diese geistige und zugleich sehr reale Transformation beschrieben. Der Wiener Verkehrswissenschaftler ist Auto-Kritiker, einer der Erfinder der Fußgängerzone und UN-Fußgehervertreter. Das Auto, sagt er, berührt uns offenbar in einer tiefen Schicht. Denn es betrifft unsere Fortbewegung, es packt uns also bei unserer elementarsten Energie, der Körperenergie.

Und aus diesem Grund sind wir offenbar bereit gewesen, unsere ursprünglich nach den Bedürfnissen des Menschen gebaute Stadt- und Landkultur in eine menschenfeindliche, gefährliche und ziemlich reduzierte hässliche Autokultur umzugestalten. Wir folgen seither ganz selbstverständlich der Logik des Autos – nicht mehr der Logik des Menschen. Und das Beste dabei – aus Sicht des Virus –: Wir bemerken es nicht. Wir tun es *auto*matisch. Wir nehmen es plötzlich als selbstverständlich, für das Auto und dessen „Interessen" zu denken.[154]

- *Betrachte deine Umgebung mit den Augen eines Kindes.*
- *Wie sähe dein Viertel aus, wenn man „außerhalb" parken müsste?*
- *Wie oft am Tag ärgerst du dich insgeheim über die Autos?*

Die Enteignung der Straße: nicht mehr kreuz und quer, sondern rechts vor links

Die Straße war früher, bevor das Auto erfunden wurde, ein Ort des Lebens und der Kommunikation. Die Beziehungen liefen in den Ortschaften nicht nur längs, sondern vor allem quer der Straße, zum Gegenüber. Auf der Straße wurde nur selten gefahren, sondern vor allem gespielt und gelebt. Dementsprechend waren die Straßen in Städten und Dörfern Lebensraum, so wie wir das in den ganz seltenen Reservaten, in die das Auto aus diversen Gründen nicht eindringen konnte, heute als touristische Attraktion bewundern – zum Beispiel in Venedig oder auf mancher autofreier Nordseeinsel. Oder wie wir es dort sehen, wo wir durch Fußgängerzonen die Straße mühsam dem Autoverkehr wieder abgetrotzt haben, wobei dort durch die Innenstadtlage die Straßen meist unbewohnt und nur dem Kommerz überlassen worden sind.

Der ursprüngliche Lebensraum Straße wurde komplett aufgegeben – nicht nur das; es wurde zugelassen, dass er lebensgefährlich wird. Wenn wir als Fußgänger unterwegs sind, müssen wir uns am Rand halten und bekommen nur kleine, oft viel zu enge „Steige", die Bürgersteige, zugewiesen. Wir nehmen es als selbstverständlich. Mit der Erhöhung der Geschwindigkeit mussten aber die Bedingungen der Straßen zugunsten der Autofahrerlogik vereinfacht werden, sonst würde es zu Unfällen kommen. Man sieht es am deutlichsten auf der Autobahn. Wer mit über 100 Stundenkilometern unterwegs ist, kann nur noch sehr reduzierte Informationen aufnehmen. Auch die Straßen in innergemeindlichen Bereichen haben die Informationen möglichst reduziert – was den Autofahrer interessiert, sind Verkehrszeichen und klare Fahrspuren. Die Straße wurde also nicht nur den Leuten weggenommen, die dort leben, sondern ihr Aussehen wurde auch noch auf das fürs Fahren Wesentliche beschränkt. Die Straße ist daher seither nicht nur lebensgefährlich, es stinkt und lärmt dort nicht nur, es ist schlichtweg hässlich rings um sie herum geworden.

Weiterfahren: Die Nähe ist zerstört

Was einmal an sozialem und wirtschaftlichem Leben auf und an der Straße zu finden war, ist – wiederum der Logik des Autos entsprechend – ausgelagert worden. Geschäfte stehen jetzt auf der mit dem Auto besser zu erreichenden grünen Wiese, die natürlich nicht mehr grün ist, sondern zu Parkplätzen umgestaltet wurde. Weil es aber in der Nähe, in unserer Straße, in unserem Viertel, in unserer Stadt, kaum noch auszuhalten ist, weil dort auch kaum noch Interessantes mehr wartet, man dort keine Erfahrungen mehr sucht, müssen wir ständig mal „rauskommen". Das geht zum Glück ganz einfach, weil wir mittels Auto in kürzerer Zeit größere Strecken zurücklegen können. Also bauen wir erst Fernstraßen und Autobahnen, dann, bei wachsendem Verkehr, weil ja immer mehr immer öfter mal rauskommen wollen (oder rauskommen müssen, weil ihre Arbeitsstelle der Auto-Logik entsprechend auch woanders hingelagert worden ist), Umgehungsstraßen und noch mehr Spuren für die Autobahnen, damit wir dorthin kommen, wo wir das erleben können, was wir vor Ort nicht mehr erleben können, weil wir es dort abgeschafft haben: Natur, frische Luft, ungefährliches Spazierengehen, Erwerbsarbeit, Shoppen usw.

Da aber dadurch auch die Zwischenräume, die Räume zwischen unseren Wohnorten und besonders interessanten Naturräumen oder Arbeitsstätten oder anderen Innenstädten, zerstört wurden, müssen wir immer weiter fahren, um das zu finden, was wir suchen: echte Lebensräume. Weil wir aber länger fahren (und noch länger im Stau stehen), um dorthin zu kommen, bleiben sich am Ende die Energie und die Zeit gleich, die wir mittels Auto und Geschwindigkeit versucht haben einzusparen – und gewonnen ist nichts. Aber viel verloren. Wir nehmen auch dieses als selbstverständlich hin.

Smart-Home: Das Handy als Cockpit

So weit das Spiegelbild, das uns die Geschichte der Automobilität liefern kann. Dasselbe passiert gerade, dem Handy sei Dank, mit unseren Innenwelten. Zunächst ganz konkret mit den Innenwelten unserer Häuser. Und dann natürlich auch mit den Innenwelten unserer Seele. Wir beginnen, alles nach der Logik und den Anforderungen eines technischen Geräts umzuformen, um hinfort für *es*, nicht mehr für uns zu denken und zu fühlen.

Wir sind gerade dabei, unsere Häuser und Wohnungen zu Smart Homes umzugestalten, steuerbar durch Apps, per Daumenwisch und Fingerdruck, vom Smartphone aus. Dabei wird meist die entscheidende Frage gar nicht mehr gestellt: ob das *sinnvoll* ist. Sondern vor allem wird gefragt, ob es *sicher* ist. Oder wie es *finanzierbar* ist.

Von der Logik des Smartphones aus ist einfach das Ziel ausgerufen worden, per App die nahe und nächste Lebenswelt aus zu steuern und zu organisieren. Von dieser Logik her erscheinen uns all die Vorschläge, unsere Häuser zu entmenschlichen und zu digitalisieren, als folgerichtig und alternativlos zukunftsweisend.

Ein Smart-Home funktioniert dann, wenn all die Daten, von denen wir gesehen haben, dass sie uns sowieso schon abgesaugt werden, vernetzt und noch spezifisch ergänzt werden, damit das System Haus möglichst viel über dich und mich, über die Bewohner „weiß". „Ein stetig wachsender Zoo unterschiedlicher Datenlieferanten, wie Kameras, Schall-, Rauch-, Temperatur-, Wärme- (Infrarot), Bewegungs-, Wasserstandsensoren, intelligente Thermostaten und mobile Ortungssysteme (für in Anfahrt befindliche Fahrzeuge mit Personen), ermöglicht intelligenten Algorithmen die Erstellung detaillierter Nutzungsprofile", so eine aktuelle Kompaktzusammenfassung. „Das zentrale System (Controlling System, kurz ConS) regelt dann profilgesteuert die im Smart Home vernetzten Geräte wie Heizung, Licht, Fenster, Türen, Jalousien etc."[155]

- *Denke dir ein Haus, in dem alles von selbst gemanagt wird. Wo willst du dich aufhalten? Wo willst du sitzen? Was willst du tun? Wo fühlst du dich privat?*
- *Denke dir eine Stadt, in der die Besucherströme automatisch gelenkt werden. Versuche, gegen den Strom zu schwimmen.*

Das Bonmot dazu: „Smart Home ist, wenn sich die Dunstabzugshaube mit der Beleuchtung versteht."[156] Oder noch einmal etwas sachlicher beschrieben: „Sowohl Daten, die vor Ort von Sensoren erhoben werden, als auch Daten von externen Anbietern werden in das Hausautomatisierungssystem eingebunden, um alle vernetzten Geräte zu steuern. Beispielsweise lassen sich Daten aus Wetterprognosen zusammen mit gespeicherten Nutzungsprofilen und Daten hausinterner Wärme-, Feuchtigkeits-, Licht-

und anderer Sensoren verarbeiten, um die eigene Heizung oder Klimaanlage zu steuern."[157]

Internet der Dinge: Komfort, Sicherheit, Nachhaltigkeit

Dabei geht es gegenwärtig vor allem um die drei Baustellen Komfort, Sicherheit und Nachhaltigkeit. *Komfort* – das betrifft Musik, Videos, Beleuchtung, Wärme, aber auch Küche, Einkauf, Garten und verschiedene Formen von Assistenz. Die ersten Roboter im Haushalt waren Staubsauger und Rasenmäher – gearbeitet wird an Systemen zur Unterstützung beim Einkauf oder an Assistenzsystemen für Alte und Kranke. Bei der *Sicherheit* geht es um die Vernetzung externer und interner Melde- und Überwachungssysteme, zum Beispiel auch Feuermelder, die aufs Smartphone Alarm geben können. *Nachhaltigkeit* betrifft vor allem die optimale Energieversorgung des Einfamilienhauses, ausgewogene Ressourcen- und Essensverwertung bis hin zur Vernetzung der einzelnen Smart Homes zu Smart Cities. Gebaut wird auf diese Weise an einem Netzwerk, in dem die Dinge unseres Lebens sich selbstständig miteinander verständigen, ohne dass wir jedes Mal fühlen, denken, überlegen, abwägen und selbst etwas tun oder gezielt Befehle geben müssen. Das wird „Internet der Dinge" genannt.

Ohne uns: Wir können uns rausrechnen

Wir können uns selbst rausrechnen, wenn wir unserem Smart Home einmal Regeln gegeben haben (etwa so:

Wenn der Helligkeitssensor im Wohnzimmer die Hellig-keit <60 LUX anzeigt *und* der Bewegungsmelder im Wohnzimmer auslöst *oder* TV im Wohnzimmer an ist, *dann* soll Szene Abendstimmung aktiviert werden[158]). Wir können uns selbst rausrechnen, weil die vernetzten Tracking-Systeme aufgrund der fortlaufenden Regis-trierung unserer Gewohnheiten selbstständig die Regeln nachbessern können, nach denen wir dann wohnen sollen.

Die erste Reaktion ist gewöhnlich: Das ist aber prak-tisch! Die Dinge, die dann entweder vom Smartphone aus zu regeln sind oder sich gleich selbst regeln, betreffen ja die unzähligen kleinen Handlungen, aus denen der Alltag besteht. Wir delegieren die tagtäglichen Entscheidungen und sollen uns zurücklehnen können. Solche Fragen müs-sen uns künftig nicht mehr belasten: Wann will ich das Licht anmachen? Was will ich heute essen? Wie warm oder kalt ist mir heute? Welche Musik soll ich nur anstellen? Ist mir heute nach Rasenmähen oder nicht und passt das Wetter überhaupt? Soll ich heute den Blumen etwas Gutes tun und gießen? Will ich noch aus dem Fenster schauen, soll ich jetzt oder erst in zehn Minuten die Jalousien he-runterlassen? Für sich genommen alles Banalitäten. Und sicherlich alles optimierungsfähig, nach den benannten Kriterien Komfort, Sicherheit und Nachhaltigkeit.

Praktisch: Apps nehmen uns das Leben ab

Aber genau diese kleinen Dinge und Tätigkeiten machen nun einmal das Alltagsleben aus. Wenn sie uns abgenom-men werden, damit wir Zeit zum Wohnen haben, haben wir nichts, mit dem wir dieses „Wohnen" füllen. Es wird uns mit diesen Tätigkeiten also zugleich das Wohnen ab-genommen. Und zugleich das Gefühl, in einem privaten Schutzraum zu sein, in dem mal nicht alles nach dem Prinzip Effizienz laufen muss. Unbeobachtet. Privat. Für uns. Wollen wir das wirklich? Ist das sinnvoll? Erinnern wir uns daran: Alles kann, nichts muss.

Die entscheidende Frage wird im gegenwärtigen Digi-talisierungsrausch nicht gestellt. Sie lautet: *warum*? Warum sollten wir unser Haus, unseren gesamten Alltag, unsere Arbeitswelt, unsere Gesellschaft durchdigitalisieren? Wesentlicher Motor hinter dem Virus Dataismus ist der Fortschrittsglaube, der auf der einfachen Gleichung neu = besser basiert. Diese Gleichung war in den vergangenen Jahrhunderten meist mit der Entwicklung neuer Technik verbunden – analoger Technik. Weshalb wir sie problem-los erweitern in neu = besser = technisierter. Die schon zi-tierte Wirtschaftswissenschaftlerin Sarah Spiekermann hat sich ausführlich mit den Grundsätzen dieses Fortschritts-glaubens beschäftigt und mahnt an, sich von jeder Form von Automatismus im Denken zu befreien: „Wir haben im Laufe der letzten 800 Jahre emotionale und kognitive Denkschemata entwickelt für das, was wir als Fortschritt begreifen. Und diese Denkschemata sind überall auf der Welt heute technikzentriert und nicht menschenzentriert. Sie sind so fest in unseren Köpfen verankert, dass sie uns davon abhalten, die neue Technik, die mit dem Digitalen in die Welt getreten ist, nüchterner zu hinterfragen und zu reflektieren, wo wir Qualitäten einbüßen, die wir ei-gentlich erhalten sollten.“[159]

Und Yvonne Hofstetter schreibt: „Gefährlich ist die Digitalisierung für den Menschen schon heute, weil er zum Atom im Internet der Dinge degradiert wird.

Wo Menschen mithilfe ihrer Smartphones in das Internet der Dinge expandieren, das bis zum Jahr 2030 rund 100 Milliarden Gegenstände vernetzen wird – gegenüber geschätzten 6 Milliarden Menschen –, begibt sich der Mensch auf gefährliches Terrain." Selbst wenn es sieben oder acht Milliarden Menschen sind, wenn der Mensch sich „in Milliarden vernetzter Objekte einreiht, kann er nicht länger damit rechnen, dass sein personaler Charakter erhalten bleibt. Er wird zum Ding zwischen ungezählten anderen Dingen und auch als solches behandelt."[160]

Jede App für sich genommen will uns etwas leichter machen, jede Anwendung will uns etwas abnehmen. Was, wenn uns unser Smartphone am Ende das Leben abnimmt? Jede kleine App – das Rechnen, das Wegzeigen und Orientieren, das Kontakten, das Sich-Informieren, das Fotografieren, das Shoppen etc. – ist für sich genommen praktisch und will uns das Leben erleichtern. Im Insgesamt aber müssen wir aufpassen, dass wir dabei nicht um unser lebendiges Sein im Hier und Jetzt erleichtert werden.

Denn es ist nun mal so, dass Leben genau aus all diesen Bausteinen besteht – Wegesuchen und Finden, Sich-Orientieren, Rechnen und Denken, Sich-Begegnen, Sich-Erfahren, die Welt anschauen, Gefühle und Wünsche verspüren und versuchen, sie zu verwirklichen, und noch viele scheinbar kleine Kleinigkeiten mehr. Und wir erfahren uns als lebendig, wenn wir uns als wirksam erfahren – heißt, wenn wir etwas bewegen können nach unseren Vorstellungen, Ideen, Gefühlen und Wünschen.

Die spirituellen Übungen aller Religionen dieser Welt verweisen darauf, dass Sinn im Leben im Gegenwärtigsein zu finden ist. Wenn wir achtsam sind. Achtsames Leben ist, wenn das Leben mit all seinen kleinen Handlungen als gefüllt und damit erfüllend wahrgenommen wird. Was verändert sich, wenn wir genau das delegieren? Sollen wir dann, um die entstehende Leere zu kompensieren, mit Datenbrillen auf der Nase in virtuelle Doppelgänger-Welten abtauchen? Diese Vorstellung gibt es.

Noch einmal in der Sprache der Hirnforschung ausgedrückt: Es ist ja gerade mit dem menschlichen Gehirn nicht so, dass es, wenn es Kapazitäten freihat, diese mit anderen Dingen füllen würde, wie bei einer Festplatte, deren Daten man auf externe Sticks gezogen hat. Nein, was das Hirn nicht mehr tun muss, verlernt es. Es vergisst die Fähigkeit. Wie viel kann uns vom Leben abgenommen werden, bevor wir vergessen, wie Leben geht?

Verrechnungen: Transformator Smartphone

Um selbst in der Welt der sprechenden Dinge mitreden zu können, haben wir schon längst begonnen, uns selbst und unser soziales Leben zu *verrechnen*. Denn Mathematik ist die Sprache der Dinge und der sie antreibenden Algorithmen. Wir übersetzen daher seit Jahren *alles* in Zahlen, so die Grundbeobachtung des Makrosoziologen Steffen Mau. Zahlen – Daten – „machen sichtbar und legen fest, wer wir sind, wo wir stehen, wie andere uns sehen und was uns erwartet"[161]. Steffen Mau nennt das Quantifizierung.

Wir beteiligen uns weltweit und kollektiv an einer großen Übersetzungsarbeit von Leben in Zahlen – und bemerken es nicht. „Phänomene, Eigenschaften oder Beschaffenheiten eines Sachverhalts werden in einer allgemeinen, abstrakten und universell anschlussfähigen

Sprache repräsentiert, der der Mathematik."[162] Klingt wieder mal nach Objektivität. Nach Wissenschaftlichkeit. Nach Rationalität. In Wirklichkeit ist es vor allem Reduktion. Vorentscheidungen werden natürlich auch getroffen, wenn Leben oder Soziales in Daten transformiert werden. „Daten legen nahe, *wie Dinge zu sehen sind,* und schließen damit andere Sichtweisen systematisch aus."[163]

- *Was bist du in Zahlen übersetzt?*
- *Was bist du in Begabungen und Vorlieben übertragen?*
- *Was bist du in Erinnerungen übersetzt?*
- *Was bist du in Gefühlen erzählt?*

Das Smartphone fungiert bei der großen Lebensverrechnung als unser ganz persönlicher Transformator. Es transformiert uns in Daten und verbindet uns als Datendouble mit anderen Datendoubles. Es prägt dadurch auch unser Selbstbild. Es legt uns mit jeder weiteren Tracking-App nahe, der Mensch sei auf keinen Fall ein Geheimnis, kein aus vielen Schichten bestehendes Ensemble psychischer, physischer oder energetischer Zustände, das immer nur partiell erkennbar wird. Der Journalist Michael Moorstedt hat das schöne Wort geprägt, die Inschrift, die einst am Tempel des Orakels von Delphi stand und die seither Movens wohl jeder spirituellen Suche geblieben ist, „Erkenne dich selbst", sei dabei, umfassend abgelöst zu werden durch die Maxime „Erscanne dich selbst!"[164]

So wie das Smart Home nahelegt, das Alltagsleben und unsere direkte Umwelt, das „Wohnen", sei komplett verrechenbar in Aktionen, die ohne weitere Empfindungen, Gedanken, Stimmungen, Absprachen und ohne individuelles Abwägen im Hier und Jetzt durchgeführt werden können, so legen die allgegenwärtigen Self-Tracking-Möglichkeiten der Smartphones oder Smart-Watches nahe, *wir selbst* seien insgesamt auflösbar in Daten.

Diese sind dann „objektiv" vergleichbar und vernetzbar, man kann sie zum Beispiel gleich dem Arzt schicken (oder dem Computer, der den Arzt „berät"). Es gibt auch schon Implantate, Messstationen, die dauerhaft im Körper bleiben, um Krankheitsverläufe besser überwachen zu können, und die ausgelesen und wiederum vernetzt werden. Manche Tracking-Apps fordern auch regelmäßig dazu auf, die eigene Stimmung zu bewerten – was uns nahelegen soll, auch Gefühle ließen sich in Daten übertragen.

Und umgekehrt antwortet natürlich unser Smartphone durch seine Apps auf die Daten, die wir eingeben, und steuert uns damit. Das erscheint zunächst als Gewinn. Spielerisch werden die Kalorien überprüfbar. Die für uns individuell sinnvolle Anzahl an Liegestützen wird berechnet und vorgegeben. Smartphones bieten inzwischen diverse Möglichkeiten zur Selbstüberprüfung der Bildschirmzeit. Apps sind so „freundlich", uns zu sagen, wann es besser wäre, aufzuhören, auf dem Handy zu daddeln. Und Meditations-Apps boomen – und zeigen uns, wie wir zugleich mit dem Smartphone verbunden bleiben können und doch zur Ruhe kommen.

Ende der Verantwortung: Vermessung des Körpers

Die Frage ist natürlich auch hier: Welche Fähigkeiten lassen wir uns damit abnehmen? Das leibliche Fühlen? Die Wahrnehmung dessen, was uns *heute* und *jetzt* ausmacht, was wir *sind*? Das Selbstvertrauen, ein Individuum zu sein?

Wer sich selbst in Daten verrechnet, beginnt offenbar unweigerlich, die Daten als bestimmende Angabe über sich ernster zu nehmen als das eigene Erleben. Zahlen sind ja, so die unsichtbare Überzeugung, viel „objektiver", was heißt, nach Regeln vergleichbarer. „Oft verdrängt die objektivierte Berichterstattung subjektive Körpergefühle, und viele Nutzer berichten davon, dass sie erst angesichts nicht zufriedenstellender Körperdaten angefangen haben, sich schlecht zu fühlen."[165]

Wenn man den Menschen als verrechenbar betrachtet, dann erscheint allerdings auch Leben insgesamt als nichts anderes als ein Algorithmus. Der israelische Historiker Yuval Noah Harari bezeichnet den Dataismus als neue Religion (davon unterschieden Spiritualität, die Praxis eines einzelnen Menschen). Dem liegt eine die zwei Disziplinen Biologie und Mathematik zusammenführende These zu Grunde, Leben sei nichts anderes als eine Rechnung.

Der Vergleich des Unvergleichlichen: Alles verrechenbar

Der Sinn des Lebens wäre aber dann nicht mehr in einem erfüllten Erleben und Sein zu suchen, sondern darin, möglichst viele Daten zu produzieren; die eigenen „Algorithmen" zu optimieren; alles, was ist, besser zu berechnen. Alexandra Borchardt meint: „Der Mensch würde sich auf diese Weise nicht abschaffen, aber einer höheren Ordnung unterwerfen, deren Sinn er womöglich nicht einmal versteht. Und möglicherweise fühlt er sich gut dabei."[166]

- *Erträgst du, das zu lesen? Warum?*
- *Erscheint dir die Entwicklung des Dataismus logisch? Warum?*
- *Findest du es in Ordnung, das Risiko einzugehen, dass die Menschheit sich selbst abschafft, indem KI die Herrschaft übernehmen könnte?*

Vom Virus aus gedacht (egal, ob wir es Quantifizierung oder Dataismus nennen) ist die logische Konsequenz, dass Menschen bald Geschichte sein werden und die Evolution weiterschreitet, weil aufs Ganze gesehen Computer besser rechnen als Menschen. Der Transhumanismus von Ray Kurtzweil oder Jürgen Schmidhuber lässt grüßen.[167] Jürgen Schmidhubers Antwort, man könne als Entwickler von KIs eine gewissen Erhabenheit darin erkennen, „Steigbügelhalter" einer neuen Stufe der Evolution zu sein,[168] erscheint dann vernünftig. Nur innerhalb der digitalen Logik, die uns von innen her ergriffen hat, können wir offenbar diese Umdeutung ertragen, ohne aufzustehen und zu protestieren. Nur innerhalb dieser digitalen Logik sind wir bereit, diese Entwicklung auch noch milliardenschwer fördern. Auch dem liegt eine mit dem Fortschrittsglauben gleichzeitig transportierte transparente Überzeugung zugrunde, das „Menschengeschlecht", die „Menschheit" an sich müsse erzogen, verbessert, „enhanced" werden, die Menschheit an sich sei bislang ein Mängelprodukt der Evolution. Schlagendes Argument: der Tod.

Ist es so? Ist dieser Blick auf Mensch und Leben wirklich realistisch? *Menschlich* betrachtet, vom Leben her betrachtet, von der Vernunft her geprüft und vom Gefühl her empfunden, ist solches Enhancement gutzuheißen doch geradezu absurd. Ich möchte niemandem, der in diesem

Bereich forscht und Dinge entwickelt, den guten Willen absprechen, auch Leid zu verringern, medizinischen Fortschritt weiterzubringen oder der gesellschaftlichen Organisation dienen zu wollen. Doch ich frage mich, ob sie sich wirklich des Menschenbilds bewusst sind, das sie implizit vertreten und teilen. Wessen Perspektive nehmen wir denn ein, wenn wir so sprechen, wie es die Transhumanisten tun? Wessen Interessen folgen wir, wenn wir uns in Daten verrechnen? Keiner von uns ist gefragt worden, ob wir diese Entwicklung, die möglicherweise die Gattung Menschheit maßgeblich beeinflusst, bejahen würden. Aber nur die wenigsten von uns fühlen sich zuständig, diese angebliche Logik der Entwicklung auch nur in Frage zu stellen. Das genau ist das Virus, das in uns wirkt.

Und all das soll zugleich in unserer Hand liegen? Ja, auch in unserem Handy. Auch in unserer Bereitschaft, uns zu verrechnen. Im doppelten Sinn des Wortes.

11. Die Schäm-dich-Backe

Es war Sigmund Freud, Begründer der Psychoanalyse, der das erste Mal von „Kränkungen der Menschheit" gesprochen hat. Zwei hatte er schon diagnostiziert, eine dritte gleich noch hinzugefügt. Die erste große Kränkung sei der Menschheit widerfahren, als ihr klar wurde, dass die Erde nicht der Mittelpunkt des Weltalls sei, nicht Zentrum eines wohlgeordneten und von Gottes Kraft behüteten Kosmos, sondern ein kleiner, unbedeutender Stern am Rande einer von unzähligen Galaxien, „ein winziges Teilchen eines in seiner Größe kaum vorstellbaren Weltsystems"[169]. Diese erste Kränkung ist mit dem Namen Nikolaus Kopernikus verbunden. Und gleichzeitig mit dieser astronomischen Revolution wurde der Menschheit die bis dahin angenommene privilegierte Stellung zu Gott geraubt: Die Welt und wir mit ihr sind nicht der Mittelpunkt von allem, was ist.

Die zweite Kränkung hat uns Charles Darwin beschert, sagt Sigmund Freud. Darwin nahm der Menschheit auch noch den Glauben, sie stamme von Gott ab, sei am Ende Gottes Ebenbild, geschaffen und mit einem Sonderstatus innerhalb der Schöpfung versehen. Darwin zeigte aus biologischer Sicht, dass der Mensch nicht mit Gott, sondern eher mit dem Affen verwandt ist – und außerdem das Produkt einer auf Selektion und Zufall beruhenden Evolution.

Als Drittes schließlich hielt Sigmund Freud selbst eine weitere Kränkung bereit, indem er darlegte, wie es sich mit dem Seelenleben des Menschen verhält und wie wenig

Macht wir über uns haben. „Die dritte und empfindlichste Kränkung aber soll die menschliche Größensucht durch die heutige psychologische Forschung erfahren, welche dem Ich nachweisen will, dass es nicht einmal Herr ist im eigenen Hause, sondern auf kärgliche Nachrichten angewiesen bleibt von dem, was unbewusst in seinem Seelenleben vorgeht."[170] Der Mensch sei im Grunde seinem Triebapparat ausgeliefert. Nicht *ich* sage, wo es langgeht.

Die vierte Kränkung der Menschheit: die Antiquiertheit

Günther Anders, Medienphilosoph, Mitgründer der Anti-Atomkraft-Bewegung und Ehemann der Philosophin Hannah Arendt, benannte nach dem Zweiten Weltkrieg eine vierte große Kränkung. Mit der haben wir bis heute zu kämpfen. Anders nennt sie die „Antiquiertheit des Menschen".

Die Maschinen, eigentlich gebaut zu unserer Unterstützung, bewirken eine große Umwertung, so beobachtete es Günther Anders schon zu seiner Zeit. Die Maschine kann die ihr zugewiesene Spezialaufgabe stets perfekter als jeder Mensch. Sie braucht keine Pausen und wird nicht müde. Sie überdauert uns und stirbt nicht. Günther Anders nennt das Gefühl, mit dem wir der Maschinenwelt gegenübertreten, „promethische Scham". Wir schämen uns letztendlich, nicht gemacht, sondern – im übertragenen Sinn – „geschaffen" zu sein. Da wir schlechter rechnen als die Maschine, stufen wir uns selbst als „unzurechnungsfähig" ein.

Wir driften damit aber in einen „kollektiv pathologischen Zustand"[171] hinein, wir geben uns auf, so Günther

Anders. Weil wir dem Irrglauben erliegen, in den spezialisierten Teilbereichen, in denen die Maschine perfekt funktioniert, genauso gut funktionieren zu müssen. Wir verwechseln angesichts der Maschinen Leben mit Funktionieren. Eine globale Umwertung ist die Folge. Wir empfinden uns als unfrei. Frei sind die Maschinen: „Sie müssen nicht sterben, sind keinen Launen unterworfen ... *Frei sind die Dinge: unfrei ist der Mensch.*"[172]

Das Handy hat nicht mehr nur ein „Spezialgebiet", wie es die klassischen Maschinen hatten. Es kann irgendwie alles besser. Wir haben es in mehreren Varianten in diesem Buch durchgespielt. Ohne Smartphone fühlen wir uns oft genug verloren in der Welt. Können unsere Zeit nicht organisieren. Bekommen keine Antwort auf unsere Fragen. Können uns nicht dokumentieren. Sind verlassen. Können uns und unser Haus nicht steuern. Wissen am Ende nicht mal, wie es uns gerade geht und was wir tun oder lassen sollen. Das Handy kann alles besser – und das kränkt. Es ist ein Schlag ins Gesicht. Wir stehen schamrot da.

Im Computer – und in unserem mit uns verwachsenen Taschencomputer – finden wir uns konfrontiert mit einer Maschine, die nicht nur auf ein einziges Arbeitsfeld spezialisiert ist. Sie kann sich uns anpassen. Noch einmal Sherry Turkle, die in ihren Versuchen schon zu Beginn des Computerzeitalters wissen wollte, wie Menschen darauf reagieren. Auch sie hat auf die Freud'sche Reihe der Kränkungen Bezug genommen und schreibt: Die „Bedrohung, die der Computer für das ‚Ich' darstellt", sei in vieler Hinsicht mit derjenigen der Psychoanalyse vergleichbar, nur wesentlich unerbittlicher. Sie greift unser Selbstverständnis viel fundamentaler an. Wo Freud noch von einem Triebapparat spricht, entwirft der Computer

„ein Modell vom Geist als einer Maschine mit Mehrpro-
zessorensystem" mit der Aussicht, „dass es eines Tages eine
denkende Maschine geben wird, deren Existenz unseren
Versuch zu sagen, worin wir uns von ihr unterscheiden,
ad absurdum führt"[173].

Seit Darwin besteht die Kränkung darin, dass wir Menschen auch nur Tiere sind. Die neue Kränkung findet sich
im Anspruch der Computer, die besser funktionierenden
Menschen zu sein. Aus Darwins Sicht waren wir ver-
nunftbegabte Tiere. Aus Sicht des Dataismus sind wir
gefühlsbegabte Maschinen.

Und, was uns die Corona-Krise urplötzlich deutlich vor
Augen geführt hat, wir sind gefühlsbegabte Maschinen,
die obendrein sterblich sind. Wir sind Sterbliche, wir
haben Körper – auch das kränkt – und das ist vielleicht
die derzeit spürbarste Kränkung. Es kränkt die gesamte
moderne Gesellschaft mit ihrem Willen zur Kontrolle
und ihrem Grundantrieb, *alles* zu tun, um den Tod zu be-
siegen, zumindest aber kontrollierbar und aufschiebbar zu
machen.

Rückzugsgefechte: Was ist das Humanum?

Mit den ersten drei Kränkungen der Menschheit haben
wir ganz gut leben gelernt. Wir haben sie überprüft. Und
in gewisser Weise korrigiert. Wir haben zum Beispiel Kopernikus entgegengesetzt, dass die Erde zwar nicht der
Mittelpunkt des Weltalls, aber dafür einzigartig und unendlich schön ist, kostbar, alternativlos, ein Wunder des
Lebens in der unendlichen Wüste des Alls. *Für uns* zentral.
Gerade die Raumfahrt und die Erkundung des Mondes

haben, so etwa Hans Blumenberg, einen neuen Blick auf die Erde gebracht, vielleicht genauso bedeutsam wie die kopernikanische Wende: „Die Erde hat sich als kosmische Ausnahme erwiesen."[174] Seither erst entdecken wir neu, dass es dieses Erdenhaus zu bewahren gilt.

Wir haben, um mit Darwins Evolutionstheorie zurechtzukommen, im Umkehrschluss damit begonnen, auch die Pflanzen- und Tierwelt wieder zu „beseelen". Haben ihnen eine eigene Würde zurückgegeben. Haben allem, was ist, die universale Lebenskraft nicht länger abgesprochen, die alles durchdringt und die wir an uns selbst auch erfahren. Und können heute auf diese Weise gedanklich beides wieder zusammenbringen: Evolution und das alte Bild von „Gottes Atem". So können wir uns mit Albert Schweitzer verstehen als „Leben, das leben will, inmitten von Leben, das leben will"[175], wohl wissend, dass die Natur zwar Fressen und Gefressenwerden und das Recht des Stärkeren kennt, aber auch das Zusammenspiel aller mit allen, dass auch Menschen Teil des großen Ganzen sind und dass diese Teilhabe etwas Heiliges ist, also etwas Gesetztes, Unhintergehbares, ein Geheimnis.

Wir haben inzwischen auch erkannt, dass Freuds Triebapparat nur ein Modell unter vielen darstellt, die lediglich versuchen, unser Seelenleben zu beschreiben. Und wir wissen inzwischen, dass Modelle allesamt Reduktion bedeuten und wir viel vielschichtiger aufgestellt sind, als es die klassische Psychologie meinte, und sich Körper und Seele gar nicht so gut auseinanderdividieren lassen, auch nicht zu Zwecken der wissenschaftlichen Beschreibung. Schon Carl Gustav Jung hat ein anderes Modell entwickelt, das auch andere Phänomene des Seelenlebens mitberücksichtigt, etwa die Intuition, und das Menschen die Aufgabe zuschreibt, sich *selbst* mehr und mehr zu entdecken und zu entfalten.

Auch was den pandemiebedingten neuen Blick auf die Sterblichkeit des Menschen angeht, kann die Erinnerung an die Mondfahrt helfen. Der Blick vom Mond zurück auf die Erde hat auch eines gezeigt: Manchmal braucht es, um mit den großen Kränkungen des Menschen umgehen zu können, einen radikalen Perspektivwechsel. Wie der aussehen könnte, ist zu Zeiten der Pandemie natürlich noch offen. Wichtig ist, nach unterschiedlichen Perspektiven zu suchen.

Schon kleine Verschiebungen können viel verändern. Der Soziologe Bernhard Gill hat darauf hingewiesen, dass schon die Perspektive auf Viren entscheidend ist für unseren Umgang damit. Bernhard Gill schreibt: „Das epidemiologische Eindämmungsregime folgt dem heroischen Kriegs- und Siegernarrativ anscheinend überlegener Wissenschaft, wie wir es aus dem 19. Jahrhundert kennen: Louis Pasteur und Robert Koch als Helden, die die Mikroben sichtbar, handhabbar und damit kontrollierbar gemacht haben. In dieser Schöpfungsgeschichte sind die Mikroben Aliens, die uns bedrohen und daher mit Macht niedergehalten, am besten ausgerottet werden sollen. ‚Unsere' Leben gegen ‚ihre' Leben – wissenschaftliche Erkenntnis und wohlorganisierter Abwehrkampf bis zum Endsieg der Hygiene, die ewiges Leben in einer keimfreien Umwelt verheißt.“[176]

Doch Menschen sterben immer an irgendetwas. Und längst gibt es auch einen anderen medizinischen Blick auf Mikroben. Wohlgemerkt: Wir haben glücklicherweise ja nicht Pest und nicht Ebola bei uns wüten. Der Soziologe Bernhard Gill beschreibt eine andere mögliche Perspektive auf das Virus: „Da Mikroben überall eindringen, beruht vitales Leben darauf, dass das Immunsystem lernt, den Mikrobenzirkus im Körper geschickt zu domestizieren, dabei auch situativ schädliche Arten einzudämmen und auszusperren. Wenn die Vitalfunktionen des Organismus erlahmen, bricht auch die Immunfunktion allmählich zusammen; zudem wird der gesund lebende Mensch mit fortschreitenden Jahren anfälliger für Infektionen – und stirbt. Aber eben nicht an den Mikroben, sondern an Altersschwäche. In dieser Erzählung ist der Umgang mit Mikroben nicht als Abwehrschlacht, sondern als Ringen um die richtige Balance konzipiert; eine Kindertagesstätte ist keine Mikrobenhölle, sondern ein natürliches Impf- institut."[177] Das soll nicht zynisch klingen, sondern einen Impuls geben dafür, sich daran zu erinnern, dass wir, auch wenn wir uns vielleicht die meiste Zeit des Tages in digi- talen Welten bewegen, nach wie vor Sterbliche sind und uns auch im Alltag dazu verhalten müssen.

Und was ist mit unserer „promethischen Scham"? Angesichts der Kränkungen durch die Leistungen des Computers und der Künstlichen Intelligenz, angesichts des Smartphones in unserer Hand reagieren wir aktuell vor allem mit der Abwehrstrategie, aufzuzählen, was alles noch nicht funktioniert. Was der smarte Supercomputer nicht kann. Zum Beispiel kann das Handy keine Witze verstehen. Es kann keine Unschärfen zulassen. Keine Gefühle erleben. Im Umkehrschluss hoffen wir sagen zu können: Genau das macht den Menschen aus, was Com- puter nicht können! Doch diese Strategie ist gefährlich. Der Physiker und Philosoph Gerhard Vollmer (der im Übrigen gleich zehn Kränkungen für die Menschheit aufzählt) fragt: Was, wenn am Ende auch KI ihr Können immer weiter ausdehnt, auch auf das, was wir als letzte Bastion des Menschlichen angesehen hatten? Wenn schon das Smartphone in unserer Hosentasche nach und nach immer mehr von dem kann, was gestern noch als rein menschlich eingestuft wurde? „Hier wiederholt sich eine Argumentationsstruktur, die in der Theologie längst bekannt ist, ohne dass sie dort zu einem Abschluss gekommen wäre", schreibt Gerhard Vollmer. „Wer seinen Glauben an Gott auf das stützt, was wissenschaftlich nicht erfasst, was insbesondere bislang nicht erklärt ist, der führt ein aussichtsloses Rückzugsgefecht. … So sollten wir uns auch in unserem Menschenbild nicht von dem leiten lassen, was Maschinen nicht können."[178]

Wir können nur das Vergleichen aufhören. Solches Vergleichen gelingt ja sowieso nur, wenn wir davon ausgehen, dass sich Leben in Daten transformieren ließe. Was, wie wir gesehen haben, eine ziemlich fragwürdige reduktionistische Methode ist.

Wie kommen wir überhaupt dazu, uns selbst so schlecht zu machen, uns als unzurechnungsfähig zu betrachten, uns als allzeit unterlegen und dringend auf die Hilfe von künstlicher Intelligenz angewiesen zu beschreiben? Ist es wirklich nur die Tatsache, dass wir sterben, Maschinen aber überdauern? Bei anderen Produkten des Geistes, etwa unseren Memoiren, sind wir ja stolz, etwas Bleibendes geschaffen zu haben …

Ich halte die These für sehr nachvollziehbar, dass das christliche Menschen- und Gottesbild, das im zweiten christlichen Jahrtausend das in der westlichen Welt beherrschende war, mit daran schuld ist.[179] Denn anders als in den ersten christlichen Jahrhunderten war das zentrale religiöse Szenario im Mittelalter und in den Jahrhunderten der Reformation und Gegenreformation das eines universalen Gerichtshofs. Gott ist der Richter. Die Menschen sind per se, belastet durch die Ur- oder Erbsünde, schlecht und können sich auch durch eigenes Tun nie und nimmer davon befreien. Die Kirchen entwickelten verschiedene Modelle, wie der sündige Mensch trotzdem vor dem Richtergott bestehen kann – sei es, wie lange in der vorreformatorischen Kirche betont wurde, durch gute Werke oder gar Spenden; sei es, wie seit der Reformation auf verschiedene Weise ausgeführt wurde, allein dadurch, dass man seine Sünden bekennt und auf den gnädigen Gott vertraut. Implizit ist dadurch bis heute ein Menschenbild transportiert worden, das die Gleichung Mensch = Sünder = schlecht, asozial, scheiternd, in sich selbst verkrümmt etc. in sich trägt. Und ein Gottesbild, das Gott als denjenigen zeichnet, der erst durch das Opfer seines eigenen Sohns dazu gebracht wird, den Menschen gnädig anzuschauen.

Es ist mir klar, dass sich tausend Jahre Theologiegeschichte an dieser Stelle nur sehr holzschnittartig zusammenfassen lassen und dass ich damit auch nicht der aktuellen theologischen Auffassung des Begriffs „Sünde" gerecht werden kann. Aber ich halte es für sehr wichtig, diese untergründig weiterwirkende Denkstruktur mittelalterlicher und frühneuzeitlicher Theologie zu erkennen – und zu überdenken. Zumal Jesus, der Überlieferung in den Evangelien nach, selbst etwas ganz anderes vorgelebt und erzählt hat.

Die für die beginnende Neuzeit prägenden Philosophen haben ein solches *per se* negatives Menschenbild weiter ausgeführt.[180] Thomas Hobbes fürchtet den „Krieg aller gegen alle" und prägt das Bild: „Der Mensch ist dem Menschen ein Wolf". John Locke vertritt die Idee, der Mensch sei ursprünglich, im Naturzustand, ein Einzel- und kein Gemeinschaftswesen. Jean-Jacques Rousseau sieht zwar den Einzelnen von Natur aus frei und gut an, in Gesellschaft aber meist schlecht, sodass erst Gesellschaftsverträge ihn retten, was allerdings meist scheitert: „Der Mensch ist frei geboren, und überall liegt er in Ketten."[181]

Auch die Aufklärung hat ein solch negatives Menschenbild nicht überwinden können. Sie spaltet das emotionale, direkte Erleben, die Welt der Gefühle und der Intuition, des Glaubens und der Phantasie ab – all das, so wird insinuiert, sei tendenziell schlecht. Geadelt wird allein der Verstand. Die Ratio ist die gut funktionierende Basis des Menschen, wenn man sie richtig gebraucht. Seither gilt im Licht der Aufklärung der Leitsatz Cogito, ergo sum – ich denke, also bin ich. Der Rest ist vernachlässigbar. Von solchem Denken her führt die Spur auch direkt zur Vorstellung der Verrechenbarkeit des Geistes.

Es ist sehr wichtig, sich über das Bild des „Users" Gedanken zu machen. Über das Bild, das die Entwickler von uns haben. Das dementsprechend auch die Geräte in unseren Händen uns nahelegen. Es macht ja einen himmelweiten Unterschied, ob die Smartphones in unserer Hand mit all den Apps für autonome, zurechnungsfähige, sich selbst bewusste Menschen gestaltet wurden, die gern das eine oder andere Hilfsmittel benutzen, um sich selbst weiter und in Freiheit entfalten zu können. Oder ob die Smartphones mit ihren Apps auf Menschen zugeschnitten wurden, von denen man meint, sie paternalistisch bevormunden zu müssen, weil sie ihr Leben sowieso nicht auf die Reihe bekommen, weil sie unfähig sind, für sich und ihre Welt zu sorgen, weil sie egoistisch, triebgesteuert oder asozial sind, wenn sie nicht digitale Hilfe bekommen.

Gegenwärtig herrscht, so beobachtet es Sarah Spiekermann, in der Programmierwelt ein sehr negatives Menschenbild vor. Menschen müssen eben optimiert, „enhanced" werden, betreut, begleitet, erzogen, zum Guten gestupst. Du und ich, wir werden oft genug unbewusst oder bewusst als suboptimales System wahrgenommen, als „Bug" (Fehler), „Wetware" (weil unsere Körper im Gegensatz zur Software hauptsächlich aus Wasser bestehen) oder als „Informationsobjekte". Das hat natürlich Konsequenzen. Denn nur wenn man ein vertrauensvolles Menschenbild hat, „lässt man Homo sapiens auch die Kontrolle"[182]. Wertet man ihn ab, hält man ihn gar für unfähig, sich und die Welt zu managen und die richtigen Entscheidungen zu treffen, wird man „Maschinen schaffen, die genau diese traurige Seite unserer Natur bestätigen und fördern"[183]. Wenn aber der Mensch auf diese Weise für schlecht, ungenügend und unfähig erklärt wird, dann gibt es auch „eine Legitimation, ihn einzuordnen, zu verwalten und ihn vor sich selbst zu schützen"[184].

Menschen werden dann durch die digitalen Möglichkeiten nicht gestärkt, sondern tendenziell ersetzt. Die immergleichen Antworten, mit denen gegenwärtig der Dataismus begründet wird, lauten: „Wir brauchen diese Technologien, weil nur sie die Probleme der Menschheit lösen können. Der Mensch sei letztlich fehlbar. Die Geschichte habe gezeigt, dass er vielfach zu schwach und unberechenbar sei, eigennützig, opportunistisch, angstgetrieben, emotional, irrational, körperlich schwach ... Man müsse Menschen zumindest in die richtige Richtung lenken oder einfach technisch ausbauen."[185] Wollen wir uns so sehen? Ist dieses Bild realistisch? Schauen wir damit nicht an uns vorbei?

Auch andere Menschenbilder sind in unserem kulturellen Gedächtnis tradiert. Aristoteles' Ansatz zum Beispiel ist ein anderer: Er fragt nach gelingendem Leben eines Menschen. Ein gelingendes Leben kann für jeden Einzelnen etwas anders aussehen – es kommt darauf an, den eigenen Weg zu finden, den Weg des Maßhaltens, des Wachsens, der *Verwirklichung* der eigenen Fähigkeiten zu gehen. Gerade angesichts der Sterblichkeit! Und man kann ihn auch wirklich gehen! Wir sind dazu begabt – und befugt. Auch in der biblischen Tradition werden gegenwärtig zwei wichtige Bilder vom Menschen wiederentdeckt. Zum einen das Bild von der „Gottebenbildlichkeit" des Menschen als wichtiges Symbol, das zu seiner *Würde* führt. Und das Bild, das die ganze Jesusüberlieferung durchzieht, dass Bild, dass alle *Gotteskinder* sind. Was nichts anderes heißt, als würdig und selbstbewusst die eigene Kraft entfalten zu dürfen. Viele der gegenwärtig auf vielfältige Weise angebotenen spirituellen Wege wollen in eine neue, tiefe Selbstermächtigung führen: ganz positiv verstanden. In die Kraft, mit Himmel und Erde verbunden zu sein, aufrecht unter dem Himmel Erfüllung zu finden.

Was würde dann aus unserer Schäm-dich-Backe?

Nebenwirkungen: Spiegel im Spiegel

Das Smartphone ist ein Spiegel dessen, was jetzt dran ist. Das Smartphone ist wie die ganze digitalisierte Welt ein kulturelles Produkt, bei weitem nicht das Leben selbst. Es ist ein Produkt unserer Kultur. Ein Abbild. Ein Bild.

Wenn sich zwei Spiegel gegenüberstehen und wir in ihre Mitte treten, dann sehen wir uns selbst kleiner und kleiner werden. Wir sehen uns im Rahmen des ersten Spiegels, sehen dann, wie dieser Rahmen sich im Rahmen des nächsten spiegelt – und so geht es immer weiter. Jedes Spiegelbild ist wieder kleiner – und wir werden es mit ihm, bis wir irgendwo in der Unendlichkeit verschwinden. Nicht nur Kinder sind davon fasziniert.

Wenn wir unser Handy, Spiegel unserer Möglichkeiten, mit dem Leben selbst verwechseln, dann passiert Ähnliches. Wir betrachten uns im Spiegel des Smartphones und sind ein Stück kleiner geworden, haben uns in die digitalen Rahmenbedingungen gepresst. Dieses etwas kleinere Spiegelbild wirkt auf uns zurück, reduziert unseren Aktionsradius entsprechend den Regeln des Mediums und macht uns wieder kleiner. Etwas geschrumpft, verwenden wir wieder unsere digitale Maschinerie und produzieren ein neues Spiegelbild, wiederum etwas reduziert. Dieses wirkt wiederum auf uns ein und lässt uns schrumpfen und so weiter und so fort.

Es ist schon eine Ironie der Geschichte, dass die „Influencer" des Silicon Valley sich durch zutiefst spirituelle Gedanken haben beeinflussen lassen, die ausgerechnet in einem Kultbuch der Hippieszene der 1970er Jahre vereint sind, das „Be here now" heißt: Sei im Hier und Jetzt. Steve Jobs war der Erste, der 1974 ins Kainchi Ashram in Indien reiste, in dem der religiöse Lehrer Neem Karoli Baba lebte, dessen Grundsätze in eben diesem Buch vereint waren. Darin ging es um den Traum von der besseren Welt durch persönliche Erleuchtung, tiefe Verbundenheit und weite Barmherzigkeit. Steve Jobs schloss allerdings daraus, dass „große Ideen ohne technologische Umsetzung ebenso sinnlos sind wie Produkte ohne spirituelle Aufladung"[186]. So hat er begonnen, die Technologie zu „beseelen" und ihr den Nimbus zu geben, sie sei der alternativlose Weg zur besseren Zukunft. Damit hat Steve Jobs eine ganze Generation von Informatikern und Unternehmensgründern beeinflusst und inspiriert. Facebook-Gründer Mark Zuckerberg reiste auf seinen Ratschlag hin ebenfalls ins Kainchi Ashram. Alphabet Inc.-Chef Larry Page war dort. Jeffrey Skoll, Co-Founder von eBay, ebenfalls. Larry Brilliant, der einige Jahre Chef von Google.org war, sagte einmal, jeder auf der Welt sollte diesen Ort besuchen.[187] Es handelt sich also um eine ganz eigentümliche Verbindung östlicher Spiritualität und westlicher Technologie.

„Be here now". Sei im Hier und Jetzt. Sei verbunden. Teile mit allen auf der Welt. Sei Teil eines sozialen Netzes. Sei leuchtendes Beispiel. Sei selbst erleuchtet. Wer denkt, wenn er solches liest, nicht an Smartphone und Co? Die religiöse Aufladung der smarten Technik ist vollzogen.

Das Smartphone ist ein Spiegel unserer Kultur, und das heißt zum einen: Es ist Spiegel unserer schon seit Jahrzehnten begonnenen großen Verrechnung, Vermessung, Quantifizierung, Rationalisierung und Reduzierung. Der Digitalisierung liegen ja viel grundlegendere Glaubenssätze zugrunde, etwa, dass alles mess-, zähl- und in Ziffern übertragbar sei. Oder dass Statistiken, Prognosen und Wahrscheinlichkeiten für den Einzelfall etwas zu sagen hätten. Oder dass Werte sich auf Geldwerte reduzieren lassen.

Das Smartphone ist ein Spiegel unserer Kultur, das heißt zum anderen: Es ist ein Abbild dessen, wofür die Zeit reif ist. Es ist das, nach dem Jean Gebser suchen würde, wenn er unsere mentalen Möglichkeiten anhand von Ausdrucksformen des Geistes zu beschreiben versucht – wir hatten das im Kapitel über den Möglichkeitssinn besprochen. Es ist ein Abbild. Nicht der Geist selbst. Das sollten wir nicht verwechseln. Das wäre unser größter Illtum.

Die meisten Diagnosen, die in diesem Seelen-Selfie gestellt wurden, sind durch die Corona-Krise noch sichtbarer geworden. Die dahinterliegenden Fragen ebenso. Wann ist das „digitale Endgerät" ein hilfreiches Werkzeug, wann ein schaler Ersatz? Wie verzichtbar werden uns die reale Welt und das körperliche Gegenüber? Wie schnell wird eine Überwachung durch Apps auch in einer Demokratie diskutabel? Wie ändern wir unseren Alltag – bewusst, unbewusst, mit und ohne Ansage – durch zu viel Information? Wie leicht lassen wir uns – mit dem Smartphone in der Hand – das Leben abnehmen?

Ein Gedankenexperiment: Wenn wir es machten wie Jean Gebser, dann könnten wir im Spiegel des Smartphones nach Spuren des Geistes suchen, nach dem, was jetzt nicht im digitalen, sondern im wirklichen Leben möglich und wichtig ist. Was wäre denn, wenn wir wirklich und nicht nur digital über uns hinauswachsen könnten? Wenn wir die Möglichkeit der weltweiten Vernetzung und Kooperation als wahre neue Tugend begriffen? Oder die Fähigkeit, an jedem Ort der Welt in die Tiefe zu gehen, wirklich und im Analogen ausprobierten? Was, wenn wir wirklich reif dafür wären, uns weltweit zu verbinden? Mehr noch, uns mit der Erde und allem, was ist, zu verbinden? Nicht nur unseren digitalen Schatten zu erleuchten, sondern uns selbst?

Gehen wir nicht nur online oder offline, gehen wir *om*line. Diesen Gedanken habe ich bei Matthias Horx gefunden. Er bezeichnet damit die Grundaufgabe, das Leben im Analogen und im Digitalen in ein Gleichgewicht zu bringen, Trend und Gegentrend auszutarieren.[188] Ich meine, man kann sogar noch weiter gehen. *Om*line gehen – das könnte auch heißen, all die Dinge wirklich zu realisieren, die wir im Spiegel des Smartphones nur zum Schein ausleben können. Die wir vielleicht aber ohne das Smartphone gar nicht entdecken würden. Für die uns das Smartphone durchaus ein Werkzeug sein kann. Und mit dem wir sie spielerisch erproben können.

Wenn wir *uns fühlen* können, dann würden wir auch dafür eintreten, noch einmal ganz neu ans Digitale heranzugehen. Mit neuen Prioritäten. Keine Plattform muss so gestaltet sein, dass sie uns abhängig macht. Es gibt Alternativen dazu, dass sich das digitale System über das Sammeln unserer Daten finanziert. Programme, Algorithmen und Apps würden anders aussehen, wenn nicht nur die in Geld verrechenbaren Werte mitberücksichtigt werden würden. Dann würden wir nicht dem wohlklingenden, aber fragwürdigen Glauben anhängen, der Menschheit durch digitalen Fortschritt, komme, was wolle, zu dienen. Sondern wir wären fähig, die smarte Technik so zu gestalten und anzuwenden, dass sie stattdessen dem einzelnen Menschen dient. Uns Sterblichen.

*Om*line gehen, das hieße dann: sich durchs Smartphone und die digitale Maschine dahinter der eigenen Kraft und Fähigkeiten bewusst zu werden – und sie dann zu realisieren und daran zu wachsen. Gern mit digitaler Hilfe, als Werkzeug im klassischen Sinn verstanden. Aber im Hier und Jetzt. Das ist auch eine spirituelle Aufgabe. Be here now. Gehen wir nicht nur online, gehen wir auch nicht nur offline, gehen wir *om*line.

… *du meinst, deine Weltsicht, dein Zeitempfinden, dein Körperbewusstsein sei gar nicht groß vom Handy beeinflusst? Du seist gar nicht beschleunigt, hättest keine Hornhaut auf der Seele, keine Dunkellinse, hättest keine Angst vor künstlicher Intelligenz, du würdest nicht hinter deinen Möglichkeiten zurückbleiben, seist nicht zersplittert, seist im Übrigen auch niemals Geisel deines Smartphones …?*

Dann beweise es. Ich würde mich freuen, wenn es so wäre.

Danke fürs Diskutieren und Durchschauen an

Jonas Geißler, Johanna Haberer, Gerald Hüther, Christoph Müller, Sarah Spiekermann.

Anmerkungen

1 Vgl. Moorstedt, Michael: „Ein Leben ohne die furchtbaren Fünf ist möglich, aber sinnlos", https://www.sueddeutsche.de/kultur/amazon-facebook-apple-google-microsoft-1.4304826 (abgerufen am 14.3.19).

2 https://de.statista.com/statistik/daten/studie/173049/umfrage/weltweiter-absatz-von-smartphones-seit-2009/ (abgerufen 10.3.19).

3 https://www.publicismedia.de/wp-content/uploads/2017/10/2017-10-16-mobile-advertising-forecasts-2017-de.pdf (abgerufen 10.3.19).

4 https://de.statista.com/statistik/daten/studie/585883/umfrage/anteil-der-smartphone-nutzer-in-deutschland/ (abgerufen 10.3.19).

5 Vgl. Markowetz, Alexander: Digitaler Burnout. Warum unsere permanente Smartphone-Nutzung gefährlich ist, München 2015, S. 80f.

6 Vgl. Hoffmeister, Christian: Google Unser, Hamburg 2019.

7 Hauck, Mirjam: „TU verteidigt Kooperation mit Facebook", in: Süddeutsche Zeitung 21.1.19, https://www.sueddeutsche.de/muenchen/facebook-tu-muenchen-finanzierung-lehrstuhl-1.4297197

8 Spitzer, Manfred: Cyberkrank! Wie das digitalisierte Leben unsere Gesundheit ruiniert, München 2015.

9 https://www.aponet.de/aktuelles/kurioses/20140227-handyfotos-foerdern-die-verbreitung-von-laeusen.html

10 https://de.statista.com/infografik/8799/selfie-tote-weltweit/

11 Vgl. Crowley, John P./Allred, Ryan J./Follon, Julianna/Volkmer Carly: Replication of the Mere Presence: „Hypothesis: The Effects of Cell Phones on Face-to-Face Conversations", in: Communication Studies, Vol. 69, No. 3, 2018, pp. 283–293: https://www.researchgate.net/publication/325136537_Replication_of_the_Mere_Presence_Hypothesis_The_Effects_of_Cell_Phones_on_Face-to-Face_Conversations (abgerufen am 13.4.19).

12 Gehlen, Arnold: Der Mensch. Seine Natur und seine Stellung in der Welt, 15. Auflage Wiebelsheim 2009 (1940).

13 Berger, Peter L./Luckmann, Thomas: Die gesellschaftliche Konstruktion der Wirklichkeit, Frankfurt am Main 1980 (1969).

14 Feuerbach, Ludwig: Das Wesen des Christentums, Stuttgart 1969 (1849).

15 Vgl. Grampp, Sven: Marshall McLuhan. Eine Einführung, Konstanz/München 2011.

16 Timm, Hermann: Die heilige Revolution. Schleiermacher – Novalis – Friedrich Schlegel, Frankfurt am Main 1978.

17 http://gutenberg.spiegel.de/buch/gedichte-9611/57

18 Anders, Günther: Die Antiquiertheit des Menschen. Bd. 1: Über die Seele im Zeitalter der zweiten industriellen Revolution, München Nachdruck 1994 der 7. unveränd. Originalausgabe 1987 (1956), S. 14ff.

19 Vgl. Schmitz, Hermann: Der Leib, der Raum und die Gefühle, Bielefeld, 3., unv. Auflage 2015; Schmitz, Hermann: Kurze Einführung in die Neue Phänomenologie. Freiburg im Breisgau 2009.

20 Vgl. Scheler, Max: Der Formalismus in der Ethik und die Materiale Wertethik, Elibron Classics, 2007 (1921).

21 Jandl, Ernst: Laut und Luise. verstreute gedichte 2, München 1997, S. 171.

22 https://solid.mit.edu/

23 Amery, Carl: Global Exit. Die Kirchen und der Totale Markt, München 2002.

24 Welzer, Harald: Alles könnte anders sein. Eine Gesellschaftsutopie für freie Menschen, Frankfurt am Main 2019.

25 Gebser, Jean: Ursprung und Gegenwart, 1. Teil: Die Fundamente der aperspektivischen Welt, München 1973.

26 Jean-Jacques Rousseau, Diskurs über die Ungleichheit. Discours sur Li'inégalité. Kritische Ausgabe des integralen Textes. Mit sämtlichen Fragmenten und ergänzenden Materialien nach den Originalausgaben und den Handschriften neu redigiert, übersetzt und kommentiert von Heinrich Meier, Paderborn u. a. 2. Auflage 1990. Vgl. auch Hansmann, Otto, „Begriff und Geschichte des Transhumanismus", in: Göcke, Benedikt Paul und Meier-Hamidi, Frank (Hgg.): Designobjekt Mensch. Die Agenda des Transhumanismus auf dem Prüfstand, Freiburg, Basel, Wien 2018, S. 25–52.

27 Die Unterschiede des Digitalen und Analogen werden systematisch durchdekliniert in: Spiekermann, Sarah: Digitale Ethik. Ein Wertesystem für das 21. Jahrhundert, München 2019.

28 Tomasello, Michael: Die Ursprünge der menschlichen Kommunikation, Frankfurt am Main 2011.

29 „Handyman. Eine Anatomie des digitalisierten Menschen." Radio-Feature von Matthias Morgenroth. Erstsendung BR/Bayern 2 21.11.2018 18:05–19:00 Uhr. https://www.br.de/radio/bayern2/sendungen/radiothema/podcast-radiothema-21112018-handyman-100.html (abgerufen am 11.3.19).

30 https://www.stiftungfuerzukunftsfragen.de/fileadmin/user_upload/freizeitmonitor/2014/Stiftung-fuer-Zukunftsfragen_Freizeit-Monitor-2014.pdf, S. 8.

31 Ebd. S. 21.

32 „Handyman. Eine Anatomie des digitalisierten Menschen." Radio-Feature von Matthias Morgenroth, a. a. O.

33 Spitzer, Manfred: Digitale Demenz. Wie wir uns und unsere Kinder um den Verstand bringen, München 2012, S. 37.

34 Vgl. auch Hüther, Gerald: Bedienungsanleitung für ein menschliches Gehirn, Göttingen 8. Auflage 2009; Hüther, Gerald: Würde. Was uns stark macht – als Einzelne und als Gesellschaft, München 4. Auflage 2018.

35 „Handyman. Eine Anatomie des digitalisierten Menschen." Radio-Feature von Matthias Morgenroth, a. a. O.

36 Spitzer, Manfred: Cyberkrank! Wie das digitalisierte Leben unsere Gesundheit ruiniert, München 2015; Spitzer, Manfred: Digitale Demenz. Wie wir uns und unsere Kinder um den Verstand bringen, München 2012.

37 Spitzer, Manfred: Digitale Demenz, a. a. O., S. 128.

38 Berger, Peter L.: Der Zwang zur Häresie. Religion in der pluralistischen Gesellschaft, Freiburg/Basel/Wien 1992.

39 „Warum das Social Web in unsere Zeit passt", S. 25.

40 Schulze, Gerhard: „Die Zukunft des Eigensinns", in: Grimm, Petra/ Müller, Michael (Hg.): SocialMania. Medien, Politik und die Privatisierung der Öffentlichkeiten. Schriftenreihe Medienethik Bd. 13, Stuttgart 2014, S. 33–42, S. 42.

41 Zuboff, Shoshana: „Auf der Suche nach dem autonomen Selbst", in: Augstein, Jakob (Hg.): Reclaim Autonomy. Selbstermächtigung in der digitalen Weltordnung, Berlin 2017, S. 167–172, S. 171.

42 Lynch, Michael P.: The Internet of Us. Knowing more and Understandig less in the Age of Big Data, S. 6f.

43 „If we are not careful, that can encourage in us the thought that all knowing is downloading – thal all knowing is passive. That would be a serious mistake. If we want more than to be just passive, recepive knowers, we need to struggle tob e *autonomous* in our thought." Ebd., S. 39.

44 Geißler, Karlheinz A./Geißler, Jonas: Time is honey. Vom klugen Umgang mit der Zeit, München 2017, S. 21.

45 Gronemeyer, Marianne: Das Leben als letzte Gelegenheit. Sicherheitsbedürfnisse und Zeitknappheit, Darmstadt 2. Auflage 1996.

46 Lübbe, Hermann: Zeit-Erfahrungen: Sieben Begriffe zur Beschreibung moderner Zivilisationsdynamik, 1996; ders.: Im Zug der Zeit. Verkürzter Aufenthalt in der Gegenwart, 2003.

47 Blumenberg, Hans: Lebenszeit und Weltzeit, Frankfurt am Main 2001.

48 Geißler, Karlheinz A./Geißler, Jonas: Time is honey. Vom klugen Umgang mit der Zeit, München 2017; Geißler, Karlheinz A.: Alles Espresso. Kleine Helden der Alltagsbeschleunigung, Stuttgart 2007; Geißler, Karlheinz A.: Lob der Pause. Warum unproduktive Zeiten ein Gewinn sind, München 2010.

49 Rosa, Hartmut: Beschleunigung. Die Veränderung der Zeitstrukturen in der Moderne. Suhrkamp, Frankfurt am Main 2005; Rosa, Hartmut: Beschleunigung und Entfremdung, Berlin 3. Auflage 2014.

50 Geißler, Karlheinz A.: Alles Espresso. Kleine Helden der Alltagsbeschleunigung, Stuttgart 2007.

51 Rosa, Hartmut: Beschleunigung und Entfremdung, a.a.O., S. 41.

52 Blumenberg, Hans: Lebenszeit und Weltzeit, Frankfurt am Main 2001, S. 73.

53 Ebd.

54 Vgl. Gronemeyer, Marianne: Das Leben als letzte Gelegenheit. Sicherheitsbedürfnisse und Zeitknappheit, a.a.O.

55 Rosa, Hartmut: Beschleunigung und Entfremdung, a.a.O., S. 44.

56 Geißler, Karlheinz A./Geißler, Jonas: Time is honey. Vom klugen Umgang mit der Zeit, München 2017, S. 112f.

57 Vgl. Markowetz, Alexander: Digitaler Burnout. Warum unsere permanente Smartphone-Nutzung gefährlich ist, München 2015; Milzner, Georg: Wir sind überall, nur nicht bei uns. Leben im Zeitalter des Selbstverlusts, Weinheim/Basel 2017; Spitzer, Manfred: Cyberkrank! Wie das digitalisierte Leben unsere Gesundheit ruiniert, München 2015; Spitzer, Manfred: Digitale Demenz. Wie wir uns und unsere Kinder um den Verstand bringen, München 2012.

58 Spitzer, Manfred: Cyberkrank! Wie das digitalisierte Leben unsere Gesundheit ruiniert, a.a.O., S. 62.

59 Vgl. Milzner, Georg: Wir sind überall, nur nicht bei uns. Leben im Zeitalter des Selbstverlusts, a.a.O., S. 60f.

60 Vgl. Erik Brynjolfsson, „The productivity paradox of information technology", zitiert nach Markowetz, Alexander: Digitaler Burnout, a.a.O., S. 59.

61 Spiekermann, Sarah: Digitale Ethik. Ein Wertesystem für das 21. Jahrhundert, München 2019, S. 90.

62 Milzner, Georg: Wir sind überall, nur nicht bei uns. Leben im Zeitalter des Selbstverlusts, Weinheim/Basel 2017, S. 63.

63 Vgl. zum Folgenden Geißler, Karlheinz A./Geißler, Jonas: Time is honey. Vom klugen Umgang mit der Zeit, München 2017.

64 Geißler, Karlheinz A./Geißler, Jonas: Time is honey. Vom klugen Umgang mit der Zeit, a.a.O., S. 67.

65 Ebd., S. 63.

66 Ebd., S. 111.

67 Markowetz, Alexander: Digitaler Burnout, a.a.O., S. 12f.

68 Tomi Ahonen beruft sich auf MindTrek 2010 von Nokia; einsehbar unter http://www.citia.co.uk/content/files/50_44-887.pdf (abgerufen 11.3.19); vgl. auch Spitzer, Manfred: Cyberkrank!, a.a.O., S. 67.

69 DeMarco, Tom/Lister, Timothy: Wien wartet auf Dich! Der Faktor Mensch im DV-Management, München 1999, zitiert nach Markowetz, Alexander: Digitaler Burnout, a. a. O., S. 63.

70 Markowetz, Alexander, Digitaler Burnout, a. a. O., S. 105.

71 https://www.med.fau.de/2018/12/19/blaues-licht-macht-schueler-munter/ (abgerufen am 13.3.19).

72 Virilio, Paul: Rasender Stillstand, München/Wien 5. Auflage 2015.

73 Leggewie, Claus/Welzer, Harald: Das Ende der Welt, wie wir sie kannten, Reinbek bei Hamburg 2010.

74 Gronemeyer, Marianne: Das Leben als letzte Gelegenheit. Sicherheitsbedürfnisse und Zeitknappheit, Darmstadt 2. Auflage 1996, S. 119.

75 Ebd.

76 https://www.nrz.de/wochenende/nach-dem-tod-bleiben-jede-menge-daten-zurueck-id213603607.html

77 https://aspetos.com/de/post/auferstehung-2-0-verstorbene-kommen-als-avatare-zurueck/1029

78 Gronemeyer, Marianne: Das Leben als letzte Gelegenheit. Sicherheitsbedürfnisse und Zeitknappheit, Darmstadt 2. Auflage 1996, S. 140.

79 Ebd., S. 121.

80 https://www.wiwo.de/technologie/digitale-welt/studie-facebook-kennt-uns-besser-als-unsere-familie/11222614.html

81 http://www.spiegel.de/fotostrecke/google-zitate-von-eric-schmidt-fotostrecke-63798-4.html

82 http://www.spiegel.de/fotostrecke/google-zitate-von-eric-schmidt-fotostrecke-63798.html

83 https://www.google.com/maps/timeline

84 https://adssettings.google.com

85 https://myactivity.google.com/myactivity

86 Morgenroth, Markus: Sie kennen dich! Sie haben dich! Sie steuern dich! Die wahre Macht der Datensammler, München 2016, S. 21ff.; Spiekermann, Sarah: Digitale Ethik, a. a. O., S. 178ff.

87 Sarah Spiekermann empfiehlt dazu: https://wolfie.crackedlabs.org/ (abgerufen am 13.04.2019); Christl, Wolfie/Spiekermann, Sarah: Networks of Control. A Report on Corporate Surveillance, Digital Tracking, Big Data & Privacy, Wien 2016.

88 O'Neil, Cathy: Angriff der Algorithmen. Wie sie Wahlen manipulieren, Berufschancen zerstören und unsere Gesundheit gefährden, München 2. Auflage 2018.

89 Borchardt, Alexandra: Mensch 4.0., a. a. O., S. 46.

90 „Hey Google is it OK if I eat you?" Initial Explorations in Child-Agent Interaction, MIT, ACM ISBN 978-1-4503-4921-5/17/06. http://dx.doi.org/10.1145/3078072.3084330

91 Turkle, Sherry: Die Wunschmaschine. Der Computer als zweites Ich, Reinbek bei Hamburg 1984, S. 25.

92 https://yogeshwar.de/?p=2177#_ftn1 Artikel: „Nächste Ausfahrt Zukunft …" (abgerufen am 13.3.2019); vgl. Yogeshwar, Ranga: Nächste Ausfahrt Zukunft. Geschichten aus einer Welt im Wandel. Köln 2017.

93 Hoffmeister, Christian: Google Unser, Hamburg 2019, S. 69.

94 Vgl. Morgenroth, Markus: Sie kennen dich! Sie haben dich! Sie steuern dich! Die wahre Macht der Datensammler, München 2016, S. 157.

95 Dachwitz, Ingo/Rudl, Thomas/Rebiger, Simon: „FAQ: Was wir über den Fall Facebook und Cambridge Analytica wissen", https://netzpolitik.org/2018/cambridge-analytica-was-wir-ueber-das-groesste-datenleck-in-der-geschichte-von-facebook-wissen/ (abgerufen am 28.2.2019).

96 Lanier, Jaron: Zehn Gründe, warum du deine Social Media Accounts sofort löschen musst, Hamburg 2018.

97 Ebd., S. 110

98 Ebd. S. 111.

99 https://www.zeit.de/digital/datenschutz/2017-11/china-social-credit-system-buergerbewertung; http://www.faz.net/aktuell/wirtschaft/china-plant-mit-nationalem-punktesystem-die-totale-ueberwachung-15303648.html; https://www.tagesschau.de/ausland/ueberwachung-china-101.html; https://www.cicero.de/wirtschaft/sozialkreditsysteme-china-ueberwachung-staat-vertrauen-markt-unternehmen-kredite

100 Grassegger, Hannes: Das Kapital bin ich. Meine Daten gehören mir, Berlin 2018.

101 Ebd., S. 53.

102 Zitiert nach https://www.faz.net/aktuell/feuilleton/medien/mathias-doepfner-warum-wir-google-fuerchten-12897463.html?printPagedArticle=true#pageIndex_0 (abgerufen 14.3.19).

103 Grassegger, Hannes: Das Kapital bin ich. Meine Daten gehören mir, a. a. O., S. 7.

104 Ebd., S. 60.

105 https://dsgvo-gesetz.de/art-22-dsgvo/

106 Hofstetter, Yvonne: Das Ende der Demokratie. Wie die künstliche Intelligenz die Politik übernimmt und uns entmündigt, München 2. Auflage 2016, S. 379.

107 O'Neil, Cathy: Angriff der Algorithmen. Wie sie Wahlen manipulieren, Berufschancen zerstören und unsere Gesundheit gefährden, a. a. O., S. 21.

108 Filipović, Alexander: „Die Datafizierung der Welt. Eine ethische Vermessung des digitalen Wandels", in: Communicatio Socialis, 48. Jg. 2015, H. 1, S. 6–15, S. 14.

109 Ebd.

110 O'Neil, Cathy: Angriff der Algorithmen. Wie sie Wahlen manipulieren, Berufschancen zerstören und unsere Gesundheit gefährden, a. a. O., S. 309.

111 Spiekermann, Sarah, Digitale Ethik. Ein Wertesystem für das 21. Jahrhundert, a. a. O.

112 Jonas, Hans: Das Prinzip Verantwortung. Versuch einer Ethik für die technologische Zivilisation, Frankfurt am Main 1984 (1979).

113 O'Neil, Cathy: Angriff der Algorithmen. Wie sie Wahlen manipulieren, Berufschancen zerstören und unsere Gesundheit gefährden, a. a. O., S. 303.

114 Borchardt, Alexandra: Mensch 4.0. Frei bleiben in einer digitalen Welt, a. a. O., S. 72.

115 Schneider, Barbara: „Algorithmen-Ethik. Warum Programmiercodes Regeln brauchen", Evangelische Perspektiven, Erstsendung 24.2.19, 8:30 Uhr, BR/Bayern 2.

116 Rule 1 – AI must be built to aid humanity and preserve our autonomy: Concerns for human autonomy will be witnessed in general, as more autonomous machines are being built. To protect human workers, collaborative bots must partake in dangerous activities, such as mining.

Rule 2 – AI must reflect transparency: AI empowers machines to know about us, however, it's equally important that humans understand he intelligible machines as well. In other words, humans must be aware of how the technology works, and the associated rules. Moreover, it's essential we have a understanding of how the technology analyzes results and its impact.

Rule 3 – AI must enhance efficiencies without destroying the dignity of people: The technology should preserve cultural commitments to drive diversity. This can only be possible with a broader, deeper, and more diverse engagement of populations in the design of these systems. Moreover, the tech industry shouldn't dictate the values and virtues of this future.

Rule 4 – AI must be designed to address the need for intelligent privacy: There are various sophisticated protections available in the market around us. They are designed to secure personal and group information, in ways that earn trust.

Rule 5 – AI must reflect algorithmic accountability: Humans can undo unintended harm leveraging algorithmic accountability. These technologies must be designed in a manner that they can account for both expected and unexpected scenarios.

Rule 6 – AI must prevent bias: It's equally important to ensure proper, and representative research for AI. This helps in preventing the use of wrong heuristics to discriminate.

Rule 7 – Need for empathy: This attribute could be considered critical to approaching AI, and is difficult to replicate in machines. Empathy will occupy a valuable spot in the human–A. I. world, helping us collaborate and build relationships, besides perceiving others' thoughts and feelings.

Rule 8 – Need for education: Investment for AI education must increase, as it will be instrumental in creating and managing innovations. This will also help us in achieving higher level thinking and more equitable education outcomes. It's usually a difficult social problem to develop the knowledge and skills needed to implement new technologies.

Rule 9 – Need for creativity: Creativity is one of the most coveted skills humans possess. This trait isn't expected to change much within the years to come. However, machines will continue to enrich and augment our creativity.

Rule 10 – Focus on Judgment and accountability: Humanity has reached a level where it can gladly accept a computer-generated diagnosis or legal decision. However, we still expect a human to be ultimately accountable for the outcomes.

https://www.analyticsindiamag.com/microsoft-ceo-satya-nadella-rolls-10-rules-will-define-artificial-intelligence/

117 Spiekermann, Sarah: Digitale Ethik, a. a. O., S. 172.
118 Suarez, Daniel: „Wie die Technik unser Denken verändert: Unser Geist in den sozialen Medien", in: Augstein, Jakob (Hg.): Reclaim Autonomy. Selbstermächtigung in der digitalen Weltordnung, Berlin 2017, S. 155–166. S. 159.
119 Ebd.
120 https://www.tandfonline.com/doi/abs/10.1080/0960085X.2018.1560920?journalCode=tjis20& (abgerufen am 27.1.2020).
121 https://www.zeit.de/digital/internet/2018-04/mark-zuckerberg-facebook-extremismus-beitraege-loeschung (abgerufen am 1.3.19).
122 Pörksen, Bernhard: Die große Gereiztheit. Wege aus der kollektiven Erregung, München 2018, S. 29.
123 Ebd. S. 42.
124 https://www.wiwo.de/erfolg/fear-of-missing-out-woher-diese-angst-kommt-und-wie-wir-sie-besiegen-koennen/20020716.html (abgerufen am 27.1.20).
125 Spitzer, Manfred: Cyberkrank!, a. a. O., S. 181.
126 Kalbitzer, Jan: „Angst und Wut im Internet als Entfesselung der Impulse durch die Moderne", in: Augstein, Jakob (Hg.): Reclaim Autonomy. Selbstermächtigung in der digitalen Weltordnung, Berlin 2017, S. 143–154, S. 146.
127 Ebd. S. 146f.

128 Spiewak, Martin: „Was nicht in der Zeitung steht", in: DIE ZEIT Nr. 40/2018, 27. September 2018, zitiert nach: https://www. zeit.de/2018/40/pessimismus-medien-stimmung-gesellschaft-verstaerkung (abgerufen am 11.2.20).

129 Spiewak, Martin: „Was nicht in der Zeitung steht", a.a.O.

130 Rosling, Hans: Factfulness. Wie wir lernen, die Welt so zu sehen, wie sie wirklich ist, Berlin 10. Auflage 2018, S. 83.

131 Horx, Matthias: Das Megatrend-Prinzip. Wie die Welt von Morgen entsteht, München Pantheon-Ausgabe 2014, S. 36ff.

132 Haberer, Johanna: Leben in der Anderswelt. Ein spiritueller Ratgeber durch das Netz, Freiburg im Breisgau 2019, S. 50.

133 https://www.scinexx.de/news/technik/roboterjournalisten-ueber zeugen-leser/ (abgerufen am 14.3.19).

134 Horx, Matthias: Das Megatrend-Prinzip. Wie die Welt von Morgen entsteht, München Pantheon-Ausgabe 2014, S. 200.

135 Pörksen, Bernhard/Detel, Hanna: Der entfesselte Skandal. Das Ende der Kontrolle im digitalen Zeitalter, Köln 2012.

136 Pörksen, Bernhard/Detel, Hanne: „Der entfesselte Skandal", in: Grimm, Petra/Müller, Michael (Hg.): SocialMania. Medien, Politik und die Privatisierung der Öffentlichkeiten, Schriftenreihe Medienethik Bd. 13, Stuttgart 2014, S. 65–74, S. 67.

137 Ebd. S. 71.

138 Ebd., S. 201. Im Original kursiv.

139 Bobert, Sabine zitiert nach: Morgenroth, Matthias: „Wald des Lebens. Sehnsucht nach Tiefenschärfe", Reihe Evangelische Perspektiven, Bayern 2, Erstsendung 15.7.2018.

140 Berne, Eric: Spiele der Erwachsenen. Psychologie der menschlichen Beziehungen, Reinbek bei Hamburg 2002.

141 Rosling, Hans: Factfulness. Wie wir lernen, die Welt so zu sehen, wie sie wirklich ist, a.a.O., S. 94f.

142 Milzner, Georg, Wir sind überall, nur nicht bei uns. Leben im Zeitalter des Selbstverlusts, a.a.O., S. 46.

143 Ebd. S. 49.

144 Diefenbach, Sarah/Ullrich, Daniel: Digitale Depression. Wie neue Medien unser Glücksempfinden verändern, München 2016.

145 Ebd. S. 49.

146 Ebd., S. 59f.

147 Vgl. auch https://www.stefanklein.info/was_ist_glueck (abgerufen am 14.3.19).

148 Markowetz, Alexander: Digitaler Burnout, a.a.O., S. 110.

149 Spitzer, Manfred: Cyberkrank, a.a.O., S. 315f.

150 Turkle, Sherry: Die Wunschmaschine. Der Computer als zweites Ich, Reinbek bei Hamburg 1984.

151 Vgl. dazu Borchardt, Alexandra: Mensch 4.0, a.a.O., S. 80f.

152 Buber, Martin: Ich und Du, 11., durchgesehene Auflage, Stuttgart 1995, S. 11.

153 Ebd. 11f.

154 Knoflacher, Hermann: Virus Auto. Die Geschichte einer Zerstörung, Wien 2009.

155 Klauß, Thomas/Mierke, Annika: Szenarien einer digitalen Welt – heute und morgen. Wie die digitale Transformation unser Leben verändert, München 2017, S. 192.

156 Ebd., S. 184.

157 Ebd.

158 Ausführliche Szenarien nachzulesen in Bertko, Chris/Weber, Tobias: Home Smart Home. Der praktische Einstieg in die Hausautomation, München 2017.

159 Spiekermann, Sarah: Digitale Ethik, a. a. O., S. 134.

160 Hofstetter, Yvonne: Das Ende der Demokratie. Wie die künstliche Intelligenz die Politik übernimmt und uns entmündigt, a. a. O., S. 76.

161 Mau, Steffen: Das metrische Wir. Über die Quantifizierung des Sozialen. 3. Auflage 2018, S. 24.

162 Ebd., S. 27.

163 Ebd., S. 30.

164 Moorstedt, Michael, „Erscanne dich selbst!", in: Geiselberger, Heinrich/Moorstedt, Tobias: Big Data, Das neue Versprechen der Allwissenheit, Berlin 2013, S. 67–75.

165 Mau, Steffen: Das metrische Wir. Über die Quantifizierung des Sozialen, a. a. O., S. 173.

166 Borchardt, Alexandra: Mensch 4.0, a. a. O., S. 224.

167 Vgl. auch Tegmark, Max: Leben 3.0. Mensch sein im Zeitalter künstlicher Intelligenz, Berlin 3. Auflage 2017; Göcke, Benedikt Paul/Meier-Hamidi, Frank (Hgg.) Designobjekt Mensch. Die Agenda des Transhumanismus auf dem Prüfstand, Freiburg/Basel/Wien 2018.

168 Morgenroth, Matthias: Handyman. Eine Anatomie des digitalisierten Menschen, a. a. O.

169 Freud, Sigmund: Vorlesungen zur Einführung in die Psychoanalyse, 18. Vorlesung, http://gutenberg.spiegel.de/buch/vorlesungen-zur-einfuhrung-in-die-psychoanalyse-926/18 (abgerufen am 15.3.19).

170 Ebd.

171 Anders, Günther: Die Antiquiertheit des Menschen. Bd. 1: Über die Seele im Zeitalter der zweiten industriellen Revolution, München Nachdruck 1994 der 7. unveränd. Originalausgabe 1987 (1956), S. 17.

172 Ebd. S. 33.

173 Turkle, Sherry: Die Wunschmaschine. Vom Entstehen der Computerkultur, Reinbek bei Hamburg 1984, S. 382f.

174 Blumenberg, Hans: Die Genesis der kopernikanischen Welt. Bd. 3: Der kopernikanische Komparativ. Die kopernikanische Optik, 3. Auflage Frankfurt am Main 1996, S. 787.

175 Schweitzer, Albert: Gesammelte Werke in fünf Bänden, hg. von Rudolf Grabs, München/Berlin/Zürich 1974, Bd. 1, S. 169; vgl. auch Oermann, Nils Ole: Albert Schweitzer. 1875–1965. Eine Biographie. München 2009.

176 Gill, Bernhard: „Wir müssen übers Sterben reden. Philosophie zum Corona-Lockdown"; https://www.spiegel.de/wissenschaft/philosophie-coronavirus-lockdown-wir-muessen-uebers-sterben-reden-a-9a2617d5-7ff6-455c-967b-b3b0858e7b3f (abgerufen am 22.4.2020).

177 Ebd.

178 Vollmer, Gerhard: „Die vierte bis siebte Kränkung des Menschen. Gehirn, Evolution und Menschenbild", in: Aufklärung und Kritik 1/1994 (S. 81 ff.), zitiert nach: http://www.gkpn.de/vollmer.htm (abgerufen am 17.3.19).

179 Ausführlich dazu: Spiekermann, Sarah: Digitale Ethik. Ein Wertesystem für das 21. Jahrhundert, a. a. O., S. 162ff.

180 Vgl. zum Folgenden Spiekermann, Sarah: Digitale Ethik, a. a. O., S. 163ff.

181 Rousseau, Jean-Jacques: Vom Gesellschaftsvertrag oder Grundsätze des Staatsrechts, hg. von Hans Brockard, Stuttgart 1977, S. 5.

182 Spiekermann, Sarah: „Der Mensch: ein Fehler", in: Süddeutsche Zeitung, 23./24.3.19, S. 13.

183 Ebd.

184 Ebd.

185 Spiekermann, Sarah: Digitale Ethik, a. a. O., S. 160.

186 Hoffmeister, Klaus: Google Unser, a. a. O., S. 76.

187 Ebd., S. 78.

188 https://www.youtube.com/watch?v=5lB7-2pCSYA bei 47:00 (abgerufen am 28.3.19).

Literaturverzeichnis

Alt, Christian/Schiffer Christian: Angela Merkel ist Hitlers Tochter. Im Land der Verschwörungstheorien, München 2018.

Amery, Carl: Das Ende der Vorsehung. Die gnadenlosen Folgen des Christentums, Reinbek bei Hamburg 1972.

Amery, Carl: Global Exit. Die Kirchen und der Totale Markt, München 2002.

Anders, Günther: Die Antiquiertheit des Menschen. Bd. 1: Über die Seele im Zeitalter der zweiten industriellen Revolution, München Nachdruck 1994 der 7. unveränd. Originalausgabe 1987 (1956).

Aufklärung und Kritik 1/1994 (S. 81 ff.), zitiert nach: http://www.gkpn.de/vollmer.htm (abgerufen am 17.3.19).

Augstein, Jakob (Hg.): Reclaim Autonomy. Selbstermächtigung in der digitalen Weltordnung, Berlin 2017.

Becker, Philipp von: Der neue Glaube an die Unsterblichkeit. Transhumanismus, Biotechnik und digitaler Kapitalismus, Wien 2015.

Berger, Peter L./Luckmann, Thomas: Die gesellschaftliche Konstruktion der Wirklichkeit, Frankfurt am Main 1980 (1969).

Berger, Peter L.: Der Zwang zur Häresie. Religion in der pluralistischen Gesellschaft, Freiburg/Basel/Wien 1992.

Berne, Eric: Spiele der Erwachsenen. Psychologie der menschlichen Beziehungen, Reinbek bei Hamburg 1970.

Bertko, Chris/Weber, Tobias: Home Smart Home. Der praktische Einstieg in die Hausautomation, München 2017.

Blumenberg, Hans: Die Genesis der kopernikanischen Welt. Bd. 3: Der kopernikanische Komparativ. Die kopernikanische Optik, 3. Auflage Frankfurt am Main 1996.

Blumenberg, Hans: Lebenszeit und Weltzeit, Frankfurt am Main 2001.

Bobert, Sabine: Mystik und Coaching mit MTP – Mental Turning Point, Kiel 2., überarbeitete Auflage 2016.

Borchardt, Alexandra: Mensch 4.0. Frei bleiben in einer digitalen Welt. Gütersloh 2018.

Buber, Martin: Ich und Du, 11., durchgesehene Auflage, Stuttgart 1995.

Crowley, John P./Allred, Ryan J./Follon, Julianna/Volkmer Carly: Replication of the Mere Presence: „Hypothesis: The Effects of Cell Phones on Face-to-Face Conversations", in: Communication Studies, Vol. 69, No. 3, 2018, pp. 283–293: https://www.researchgate.net/publication/325136537_Replication_of_the_Mere_Presence_Hypothesis_The_Effects_of_Cell_Phones_on_Face-to-Face_Conversations (abgerufen am 13.4.19).

Diefenbach, Sarah/Ullrich, Daniel: Digitale Depression. Wie neue Medien unser Glücksempfinden verändern, München 2016.

Eberl, Ulrich: Smarte Maschinen. Wie künstliche Intelligenz unser Leben verändert, München 2016.

Feuerbach, Ludwig: Das Wesen des Christentums, Stuttgart 1969 (1849).

Filipović, Alexander: „Die Datafizierung der Welt. Eine ethische Vermessung des digitalen Wandels", in: Communicatio Socialis, 48. Jg. 2015, H. 1, S. 6–15, S. 14.

Gebser, Jean: Ursprung und Gegenwart, 1. Teil: Die Fundamente der aperspektivischen Welt, München 1973.

Geißler, Karlheinz A./Geißler, Jonas: Time is honey. Vom klugen Umgang mit der Zeit, München 2017.

Geißler, Karlheinz A.: Alles Espresso. Kleine Helden der Alltagsbeschleunigung, Stuttgart 2007.

Geißler, Karlheinz A.: Lob der Pause. Warum unproduktive Zeiten ein Gewinn sind, München 2010.

Gill, Bernhard: „Wir müssen übers Sterben reden. Philosophie zum Corona-Lockdown"; https://www.spiegel.de/wissenschaft/philosophie-coronavirus-lockdown-wir-muessen-uebers-sterben-reden-a-9a2617d5-7ff6-455c-967b-b3b0858e7b3f (abgerufen am 22.4.2020).

Göcke, Benedikt Paul/Meier-Hamidi, Frank (Hg.): Designobjekt Mensch. Die Agenda des Transhumanismus auf dem Prüfstand, Freiburg/Basel/Wien 2018.

Grampp, Sven: Marshall McLuhan. Eine Einführung, Konstanz/München 2011.

Grassegger, Hannes: Das Kapital bin ich. Meine Daten gehören mir, Berlin 2018.

Grimm, Petra/Müller, Michael (Hg.): SocialMania. Medien, Politik und die Privatisierung der Öffentlichkeiten. Schriftenreihe Medienethik Bd. 13, Stuttgart 2014.

Gronemeyer, Marianne: Das Leben als letzte Gelegenheit. Sicherheitsbedürfnisse und Zeitknappheit, Darmstadt 2. Auflage 1996.

Grunwald, Armin: Der unterlegene Mensch. Die Zukunft der Menschheit im Angesicht von Algorithmen, künstlicher Intelligenz und Robotern, München 2019.

Haberer, Johanna: Digitale Theologie. GOTT und die Medienrevolution der Gegenwart, München 2015.

Haberer, Johanna: Leben in der Anderswelt. Ein spiritueller Ratgeber durch das Netz, Freiburg im Breisgau 2019.

Hansmann, Otto: „Begriff und Geschichte des Transhumanismus", in: Göcke, Benedikt Paul/Meier-Hamidi, Frank (Hg.): Designobjekt Mensch. Die Agenda des Transhumanismus auf dem Prüfstand, Freiburg/Basel/Wien 2018, S. 25–52.

Harari, Yuval Noah: Eine kurze Geschichte der Menschheit, München 2013.

Harari, Yuval Noah: Homo Deus. Eine Geschichte von Morgen. München 2017.

Hauck, Mirjam: „TU verteidigt Kooperation mit Facebook", in: Süddeutsche Zeitung 21.1.19, https://www.sueddeutsche.de/muenchen/facebook-tu-muenchen-finanzierung-lehrstuhl-1.4297197 (abgerufen am 21.1.19).

Hawken, Paul: Wir sind der Wandel: Warum die Rettung der Erde bereits voll im Gang ist – und kaum einer es bemerkt, Rossorf 2010.

Hoffmeister, Christian: Google Unser, Hamburg 2019.

Hofstetter, Yvonne: „Soziale Medien: Wer Newsfeeds auf Werbeplattformen liest, kann Propaganda erwarten, aber nicht die Wahrheit", in: Augstein, Jakob (Hg.): Reclaim Autonomy. Selbstermächtigung in der digitalen Weltordnung, Berlin 2017, S. 25–38.

Hofstetter, Yvonne: Das Ende der Demokratie. Wie die künstliche Intelligenz die Politik übernimmt und uns entmündigt, München 2. Auflage 2016.

Horx, Matthias: Das Buch des Wandels. Wie Menschen Zukunft gestalten, München 2009.

Horx, Matthias: Das Megatrend-Prinzip. Wie die Welt von Morgen entsteht, München Pantheon-Ausgabe 2014.

Horx, Matthias: 15½ Regeln für die Zukunft. Anleitung zum visionären Leben, Berlin 2019.

Huizing, Klaas: Scham und Ehre. Eine theologische Ethik, Gütersloh 2016.

Husserl, Edmund: Grundprobleme der Phänomenologie 1910/11, Text nach Husserliana, Bd. XIII, hg. Von Iso Kern, 2., durchgesehene und um ein Literaturverzeichnis erw. Aufl. Hamburg 1992.

Hüther, Gerald: Bedienungsanleitung für ein menschliches Gehirn, Göttingen 8. Auflage 2009.

Hüther, Gerald: Würde. Was uns stark macht – als Einzelne und als Gesellschaft, München 4. Auflage 2018.

Kalbitzer, Jan: „Angst und Wut im Internet als Entfesselung der Impulse durch die Moderne", in: Augstein, Jakob (Hg.): Reclaim Autonomy. Selbstermächtigung in der digitalen Weltordnung, Berlin 2017, S. 143–154.

Klauß, Thomas/Mierke, Annika: Szenarien einer digitalen Welt – heute und morgen. Wie die digitale Transformation unser Leben verändert, München 2017.

Knoflacher, Hermann: Virus Auto. Die Geschichte einer Zerstörung, Wien 2009.

Lanier, Jaron: Wem gehört die Zukunft?, Hamburg 2014.

Lanier, Jaron: Zehn Gründe, warum du deine Social Media Accounts sofort löschen musst, Hamburg 2018.

Leggewie, Claus/Welzer, Harald: Das Ende der Welt, wie wir sie kannten, Reinbek bei Hamburg 2010.

Lenzen, Manuela: Künstliche Intelligenz. Was sie kann & was uns erwartet, München 2018.

Lübbe, Hermann: Im Zug der Zeit. Verkürzter Aufenthalt in der Gegenwart, 2003.

Lübbe, Hermann: Zeit-Erfahrungen: Sieben Begriffe zur Beschreibung moderner Zivilisationsdynamik, 1996.

Lynch, Michael Patrick: The Internet of us. Knowing More and Understanding Less in the Age of Big Data, New York/London 2016.

Markowetz, Alexander: Digitaler Burnout. Warum unsere permanente Smartphone-Nutzung gefährlich ist, München 2015.

Mau, Steffen: Das metrische Wir. Über die Quantifizierung des Sozialen. Berlin 3. Auflage 2018.

Milzner, Georg: Wir sind überall, nur nicht bei uns. Leben im Zeitalter des Selbstverlusts, Weinheim/Basel 2017.

Moorstedt, Michael: „Erscanne dich selbst!", in: Geiselberger, Heinrich/Moorstedt, Tobias: Big Data, Das neue Versprechen der Allwissenheit, Berlin 2013, S. 67–75.

Moorstedt, Michael: „Ein Leben ohne die furchtbaren Fünf ist möglich, aber sinnlos", https://www.sued deutsche.de/kultur/amazon-facebook-apple-google-microsoft-1.4304826 (abgerufen am 14.3.19).

Morgenroth, Markus: Sie kennen dich! Sie haben dich! Sie steuern dich! Die wahre Macht der Datensammler, München 2016.

O'Neil, Cathy: Angriff der Algorithmen. Wie sie Wahlen manipulieren, Berufschancen zerstören und unsere Gesundheit gefährden, München 2. Auflage 2018.

Pörksen, Bernhard/Detel Hanne: „Der entfesselte Skandal. Die Logik der Empörung im digitalen Zeitalter", in: Grimm, Petra/Müller, Michael (Hg.): SocialMania. Medien, Politik und die Privatisierung der Öffentlichkeiten. Schriftenreihe Medienethik Bd. 13, Stuttgart 2014, S. 65–74.

Pörksen, Bernhard: Die große Gereiztheit. Wege aus der kollektiven Erregung, München 2018.

Rosa, Hartmut: Beschleunigung und Entfremdung, Berlin 3. Auflage 2014.

Rosling, Hans: Factfulness. Wie wir lernen, die Welt so zu sehen, wie sie wirklich ist, Berlin 10. Auflage 2018.

Rousseau, Jean-Jacques: Diskurs über die Ungleichheit. Discours sur Li'inégalité. Kritische Ausgabe des integralen Textes. Mit sämtlichen Fragmenten und ergänzenden Materialien nach den Originalausgaben und den Handschriften neu redigiert, übersetzt und kommentiert von Heinrich Meier, Paderborn u. a. 2. Auflage 1990.

Rousseau, Jean-Jacques: Vom Gesellschaftsvertrag oder Grundsätze des Staatsrechts, hg. Von Hans Brockard, Stuttgart 1977, S. 5.

Scheler, Max: Der Formalismus in der Ethik und die Materiale Wertethik. Elibron Classics 2007 (1921).

Schmidt, Jan-Hinrik: „Warum das Social Web in unsere Zeit passt", in: Grimm, Petra/Müller, Michael (Hg.): SocialMania. Medien, Politik und die Privatisierung der Öffentlichkeiten. Schriftenreihe Medienethik Bd. 13, Stuttgart 2014, S. 23–32.

Schmitz, Hermann: Der Leib, der Raum und die Gefühle, Bielefeld, 3., unv. Auflage 2015.

Schmitz, Hermann: Kurze Einführung in die Neue Phänomenologie. Freiburg im Breisgau 2009.

Schulze, Gerhard: „Die Zukunft des Eigensinns", in: Grimm, Petra/Müller, Michael (Hg.): SocialMania. Medien, Politik und die Privatisierung der Öffentlichkeiten. Schriftenreihe Medienethik Bd. 13, Stuttgart 2014, S. 33–42.

Schweitzer, Albert: Gesammelte Werke in fünf Bänden, hg. Von Rudolf Grabs, München/Berlin/Zürich 1974, Bd. 1, S. 169; vgl. auch Oermann, Nils Ole: Albert Schweitzer. 1875–1965. Eine Biographie. München 2009.

Spiekermann, Sarah: „Der Mensch: ein Fehler", in: Süddeutsche Zeitung, 23./24.3.19, S. 13.

Spiekermann, Sarah: Digitale Ethik. Ein Wertesystem für das 21. Jahrhundert, München 2019.

Spitzer, Manfred: Cyberkrank! Wie das digitalisierte Leben unsere Gesundheit ruiniert, München 2015.

Spitzer, Manfred: Digitale Demenz. Wie wir uns und unsere Kinder um den Verstand bringen, München 2012.

Suarez, Daniel: „Wie die Technik unser Denken verändert: Unser Geist in den sozialen Medien", in: Augstein, Jakob (Hg.): Reclaim Autonomy. Selbstermächtigung in der digitalen Weltordnung, Berlin 2017, S. 155–166.

Te Wildt, Bert: Digital Junkies. Internetabhängigkeit und ihre Folgen für uns und unsere Kinder, München 2015.

Tegmark, Max: Leben 3.0. Mensch sein im Zeitalter künstlicher Intelligenz, Berlin 3. Auflage 2017.

Timm, Hermann: Die heilige Revolution. Schleiermacher – Novalis – Friedrich Schlegel, Frankfurt am Main 1978.

Tomasello, Michael: Die Ursprünge der menschlichen Kommunikation, Frankfurt am Main 2011.

Turkle, Sherry: Die Wunschmaschine. Der Computer als zweites Ich, Reinbek bei Hamburg 1984.

von Weizsäcker, Ernst Ulrich, Wijkman, Anders u. a.: Wir sind dran. Was wir ändern müssen, wenn wir bleiben wollen, Gütersloh 2017.

Virilio, Paul: Rasender Stillstand, München/Wien 5. Auflage 2015.

Volland, Holger: Die kreative Macht der Maschinen. Warum Künstliche Intelligenzen bestimmen, was wir morgen fühlen und denken, Weinheim/Basel 2018.

Vollmer, Gerhard: „Die vierte bis siebte Kränkung des Menschen. Gehirn, Evolution und Menschenbild", in: Aufklärung und Kritik 1/1994 (S. 81ff.), zitiert nach: http://www.gkpn.de/vollmer.htm (abgerufen am 17.3.19).

Welzer, Harald: Alles könnte anders sein. Eine Gesellschaftsutopie für freie Menschen, Frankfurt am Main 2019.

Wilber, Ken: Integrale Spiritualität. Spirituelle Intelligenz rettet die Welt. München 2007.

Wilber, Ken: Wege zum Selbst. Östliche und westliche Ansätze zu persönlichem Wachstum. München 6. Auflage 2008.

Wilhelm, Ulrich: Medienethik im digitalen Zeitalter, Freiburg/Basel/Wien 2018.

Wilkens, Andre: Analog ist das neue Bio. Ein Plädoyer für eine menschliche digitale Welt, Frankfurt am Main 2017.

Yogeshwar, Ranga: Nächste Ausfahrt Zukunft. Geschichten aus einer Welt im Wandel. Köln 2017.

Zuboff, Shoshana: „Auf der Suche nach dem autonomen Selbst", in: Augstein, Jakob (Hg.): Reclaim Autonomy. Selbstermächtigung in der digitalen Weltordnung, Berlin 2017, S. 167–172.